U0046445

寶鼎出版

# 小資男女拼百萬
## 365天理財手帳

Jacqueline 著

# 邁向富翁的第一步
# ─記帳

　　寫這本書的初衷，是要大家了解記帳的重要性，不管你是單身貴族，還是掌管一家經濟的財務大臣，你都必須能夠準確回答這個問題，想要成為有錢人──記帳是開始的第一步，也是最關鍵的一步。

　　至於該要如何確實掌握收入和支出的狀況呢？最簡單的方法莫過於記帳。你可知道，許多財經名人也都是靠記帳來掌握、累積財富，像社交名媛何麗玲小姐就是一個成功的例子。只有記帳才能讓自己了解目前的財務狀況，每個月有沒有結餘，還是入不敷出？千萬不要以為負債的人就不用記帳，經由確實地記帳，知道自己的錢到底花到哪裡去了？了解每一筆開銷是不是都是必要花費，如此才能設法將支出比重降到最低，進而清償債務。

　　當然，如果狀況許可，最好每天記錄每筆支出，如果時間不夠，每週或是每個月做一次帳目清冊也是可以的，只要把每次花費的收據或發票固定收好，到了周末或是月底記帳時再分門別類入帳即可。此外，多加利用信用卡消費也是一個好方法，屆時只要依照帳單上的消費項目及金額寫入帳本裡面就萬事ok啦！

　　不管是家庭還是個人，記帳是掌握收支狀況最簡單、最理想的方法之一，知道自己手上的錢到底是怎麼樣花掉的，是不是含在預算之內，這可是理財的基本功，絕對比學會如何投資更加重要……。

# 為什麼要寫每月收支計畫？

就像一家公司需要製作損益表一樣，每月收支計畫就有著這樣的功能，它記錄了個人或是家庭的每個月的現金流，例如賺了多少錢，花了多少錢，大筆的款項都花到哪裡去了？每月收支計畫表大致區分為三個部份，分別為收入、支出及結餘，透過這個表格可以知道，目前你的收支是否平衡？是生活行有餘裕？還是落入入不敷出的窘境？

## 收入

當你在填寫收入的項目時，如果覺得一整年的收入並沒有太大的出入，也可以化繁為簡，大略合計一下個人或家庭成員的總收入即可。唯一要注意的是，不要忘了把獎金或是投資的利息收入算進去，不然到了年底結算收入時，你將會發現自己少算了很多，將會造成報稅時的困擾。

## 支出

不要覺得每月收支計畫的欄目這麼多，寫起來一定很麻煩，其實，只要按步就班地每天記帳，到了月底，把總支出的費用填進去，而公用費用的支出大多都有單據，收到單據時順手把數字填進表格裡就可以了。另外要留心的支出費用還有每個月的貸款支出、保險費、投資、小孩的學費、安親班費用，或是給父母親的奉養金等。

確實掌握每個月的收支數字之後，不僅可以隨時監控花錢的狀況，調整自己開源節流的計畫，還可以仔細算算每個月到底可以存下多少錢。

如果你的保險費是採年繳或半年繳，或是小孩的學費，通常都是一次要付出大筆金額的話，為了避免到時手頭無法臨時支應這些費用，最好每個月都先分散列報這些費用，預先做好準備。

如果每個月的收支結餘是正數，那就要恭喜你，你正朝向致富之路穩健邁進，但如果是負數，就一定別忘記在每個月表格下方寫下檢討改進之處，例如下個月可能會因為原有的**Part time**工作沒了，兼職收入會因此消失，所以要早一步提醒自己另尋增加財源的方法，讓每個月的收支計畫表更能發揮它的功能。

# 為什麼要做每日記帳表？

說到記帳，最讓人頭痛的原因就是繁瑣，因此筆者在此要強調的重要概念就是——方便怎麼記就怎麼記。像本書的「每日記帳表」中列了一項「其他」欄目，目的就是提供讀者在遇上不知該把這項支出列在哪一欄目時(例如剪頭髮)，可以省事地將它全都歸在這個項目中。

總之，一切都是以「方便行事」為原則，因為家計簿是做要給自己看的，不是要提供大家參觀比較使用的。

另外，在這個「每日記帳表」裡，筆者特別將每個月的固定支出例如房租、水電費、電話費還有貸款等費用，全都移到「每月收支計畫表」中處理，目的是為了讓每天不固定的支出登記在這裡，以便簡化「每日記帳表」的複雜度，讓怕麻煩的人，也願意持續做下去。

最後別忘了，在每個月的月底拿出計算機，把這些食衣住行育樂的數字加總起來，一切就大功告成啦！

##  為什麼要做投資記錄表？

這個部份包括了股票和基金的記錄表格。為什麼要做股票和基金的記錄表呢？大部份的人投資股票都愛短線進出，因此做一個一目了然的買賣記錄表是非常重要的，只有詳細地記錄每一筆交易，你才能清楚知道，自己每天在股海裡殺進殺出辛苦老半天，到底是賺還是賠？像筆者以前很懶惰，總認為股票買了就買了，進價到底是多少也只知道個大概！曾有一檔股票買了之後慘跌，好不容易捱了兩年，股價回到原有水位，這時我想都沒想趕快殺出，後來查了資料這才發現，原來當初賣出的價錢，還是比我的進價低。

但反觀你若是穩紮穩打的投資人，但可別以為長抱股票就不用做記錄，因為投資長線股票更要把當初買的價格股數記錄下來，方才不會因為放太久，而將當時的買賣成本全部忘光光。和股票買賣記錄表差不多，本書一樣設計了簡化的表格讓你可以記錄基金買賣的內容，不用花很多時間，一樣可以將買賣記錄有系統地備檔留存。

## 為什麼要做存款記錄表？

　　理財，不只是教你怎麼賺錢；要懂得如何存錢，才是最重要的關鍵。已故的經營之神王永慶也曾說過：「賺一塊錢不是賺，要存下一塊錢才是真的賺。」

　　所以，要能夠把自己擁有的錢管好，是理財的最基本要求。尤其現代人的理財工具多樣化，複雜程度自然也比從前高，許多人手上不只一個銀行戶頭，薪轉戶頭、定存戶頭、還有一堆什麼外幣存款的一大堆，所以一定要確實記錄每一個戶頭的狀況，充分了解自己的財務狀況，在資金運用上才可以更快速，更靈活。

## 為什麼要做保險記錄表？

　　尤其是在家庭成員較多的家庭中，「保險記錄表」更能發揮它的功用，大家投保保險的多寡、險種、期間等項目都不一樣，所以要透過記錄表，以免臨時要找保險資料時(可以隨時調整保單內容)，得翻出厚厚一大疊的保單，有時候保單還不知到放到哪裡去呢？同時，你也可以藉由保險記錄表來了解你和家人現在的保障狀況，是否需要做調整，要增加、減少或是轉移。

　　筆者建議最好把保險業務員的聯絡方式一併寫在記錄表中，以免臨時有需求時，卻找不到那張小小的名片。

| 資產負債表 | | | | | |
|---|---|---|---|---|---|
| **資 產** | | | **負 債** | | |
| 項 目 | | 金 額 | 項 目 | | 金 額 |
| 流動資產 | 現 金 | | 流動負債 | 信 用 貸 款 | |
| | 活 期 存 款 | | | 消 費 性 貸 款 | |
| | 短 線 股 票 | | | 現金(信用)卡債 | |
| | 外 幣 | | | 購 物 分 期 付 款 | |
| | 保 單 | | | 親 友 借 貸 | |
| | 其 他 | | | 其 他 | |
| 固定資產 | 黃 金 珠 寶 | | 長期負債 | 互助會(死會) | |
| | 長 線 績 優 股 | | | 房 貸 | |
| | 基 金 | | | 房 貸 二 胎 | |
| | 定 期 存 款 | | | 汽 車 貸 款 | |
| | 外 幣 定 存 | | | 就 學 貸 款 | |
| | 房 地 產 | | 負債總計(B) | | |
| | 其 他 | | 總資產(A)－總負債(B)＝淨值 | | |
| 資產總計（A） | | | | | |
| 資產現況： | | | 負債現況： | | |
| 改進方案： | | | 改進方案： | | |

「資產負債表」是記錄目前你擁有多少 資產、負債狀況，透過這項表格可以知道目前你有的資產到底有多少？負債有多少？兩者之間相減有多少？資產負債表可以分為資產、負債、淨值三大部份，其中的淨值等於資產減去負債。

## 資產

一個人或家庭的財務就像是一家公司的資產，在這本書裡我們簡略分為流動資產、固定資產兩大部份。流動資產指的是隨時可以快速變現的資產、例如現金、外幣、短線投資的股票、基金等。固定資產指的是你的生財工具或是不太會變賣換現的資產，像是長期持有的股票、房屋資產，或是你計劃儲蓄的退休金等等。

在確實的掌握了這些數字之後，一旦有急用時，還可馬上知道該優先使用哪一項資產，以便順利換取現金，另一方面，還可藉此了解自己現在的資產狀況，了解你的財務實力到底強不強。

## 負債

為什麼要記錄負債狀況呢？我們大家都知道負債要愈少愈好，所以要解決負債，首先就要對你或是家庭的債務有個全盤的了解。一般來說，本書的資產負債表簡單的將負債項目分為流動負債與長期負債兩大類，主要是讓你清楚辨認債務處理的先後順序。

「流動負債」是指短期內可以或應該要趕快解決的負債，例如信用貸款、卡債及商品分期付款等，這些負債的利息支出通常很高，之所以把這些項目放在流動負債裡，目的就是要提醒自己，一有閒錢就要馬上處理這些負債。

「長期負債」是指房屋貸款、汽車貸款等期數較長(通常是五年以上)，如果你的汽車貸款不是零利率或是利率很高，也要把它列在流動負債中，以便提醒自己盡快還清債務。

## 淨值

計算完資產合負債之後要注意，別忘記把淨值算出來，因為淨值的金額才是你或家庭現在真正的身價，本書也特別在表格下方設計了檢討改進的填寫欄位，有利於你追蹤目前的資產增長情況，以及需要檢討改進的地方，讓你成功地一步步邁向富足之路。

# ConTenTs

## 樂當千金 努力記帳，輕鬆賺錢

只有錢才是不會背叛你的好朋友！

# 健全財務，
# 就從記帳開始…

在理財的世界裡，可以成功致富的方法不外乎以下兩種——
一是非常幸運，二是非常自律。

又是新年度的開始，去年、前年甚至是多年前所許下的願望，就像是第4台怎麼也放不膩的經典電影一樣，不斷重播、重播……想要變瘦一點、想要嫁個有錢老公、想要加薪、想要多存一點錢買房子。

晚餐不吃澱粉就會瘦？一年下來少說也省了好幾台斤的米，只是磅秤上的數字卻固執地連100公克也不肯少；加薪？在這個景氣還未明朗的節骨眼上，簡直是比狗狗跟郭董的愛情故事更像天方夜譚；再說嫁個有錢老公？這世上有幾個志玲，想去整型補救，也得口袋夠深才行。

所以奉勸大家還是清醒點吧，只有錢才是不會背叛你的好朋友，省下來的1塊錢，就是紮紮實實的1塊錢。何不趁著新年，從檢視財務健康開始，為自己做個好計劃，讓我們一起邁向「富」家男、「富」家女的行列！

# 財務狀況大健檢

　　小芬，今年33歲，目前正處於新婚階段，老公每天溫馨接送情，三不五時還要來個燭光晚餐，小禮物從來沒斷過；休假的時候，小則上上高檔的溫泉會館放鬆身心，心血來潮就買張機票到臨近的香港、日本來趟血拼之旅，倆人甜蜜的生活不知羨煞身旁多少人。沒想到有一天聚餐的時候，她皺著眉頭告訴我們——她懷孕了，跟老公想要存錢買房子，但是由於夫妻倆人都是「月光族」，這時想要未來，突然覺得肩上壓力好沉重……。

　　其實，現在小芬最需要做的事情，就是把家裡的財務狀況攤開來，好好地評估一番：

## 1. 檢查家庭的財務收支表

　　理財專家多半會建議各位，每個月的生活費支出，最好不要超過所得的1／3。以小芬的狀況來說，較適合她的收支分配是生活費佔1／3、房貸支出佔1／3，另外1／3用來儲蓄（準備養老金或子女教育金）。畢竟養孩子和購屋的需求同時來臨，壓力一定很大，所以小芬夫妻倆最好要改掉王子、公主的消費習慣，把握「現金為王」的原則，甚至可以犧牲一下兩人世界，搬去暫時與父母同住，等存到四成以上的頭期款之後再進行購屋計劃。

## 2. 製作資產負債表

　　像小芬夫妻倆人，雖然每個月薪水都花個精光，不過值得慶幸的是，他們並沒有負債。如果是負債比資產還要多的人，筆者建議你在年初拿到年終獎金或是有其他收入時，先別急著花錢，也別貪心地想要做什麼投資（肖想等大賺一筆再來還

債），最好就是先將這些高利息貸款或是小額信貸處理掉，例如信用卡帳、預借現金、車貸等等。因為只有負債愈少，存錢的速度才會愈快，如此一來才有可能過得輕鬆自在。

而像小芬一樣正在規劃購屋大計的家庭，在購屋前一定要事先預估可以負擔的貸款金額，試算每個月到底要攤還多少本息，舉債比重千萬不能過高，以免一旦遭遇急需現金的時候，倆人沒有應變的能力。

### 3. 檢查目前所有資產，評估資產分配是否適當。

很多人覺得，懂得去購買績優股或是近幾年最夯的新興市場基金、原物料基金的人，才是最懂得投資理財的一群。其實，如果不是分析能力很強，往往還是賠的比賺的多，因此最好還是妥善評估自己承擔風險的能力，將資產做好不同比例的多元配置（保守——儲蓄、保險等，積極——股票、基金等）。此外，最好還要準備一個緊急備用金，防範意外、疾病等突發事件，至於金額最好要維持六個月薪資以上的資金水位，比較保險。

不只是小芬，其實理財規劃，對於我們每個人而言都很重要，最好是每隔半年或一年，都應該好好檢視一遍才對，就像是定期做健康檢查一樣。理財是一場持久戰，只有維持財務的健康，才能在這條漫長的理財之路上，平穩地邁向幸福的目標。

## 我的　　月收支計劃

### 個人＿＿＿月收入紀錄表

| 項目 | 內容 | 金額 |
|---|---|---|
| 薪資收入 稅前 | | |
| 兼職收入 | | |
| 其他 | | |
| 淨收入總計 稅後 | | |

### 個人＿＿＿月固定支出

| 項目 | 內容 | 金額 |
|---|---|---|
| 房租 | | |
| 水費 | | |
| 電費 | | |
| 瓦斯 | | |
| 室內電話費 網路 | | |
| 手機 | | |
| 其他 | | |
| | | |
| 固定支出總計 | | |

### 個人＿＿＿月生活費

| 項目 | 內容／預算 | 實際開銷 |
|---|---|---|
| 飲食 | | |
| 服裝 | | |
| 交通 | | |
| 娛樂 | | |
| 教育 | | |
| 刷卡 | | |
| 保險費 | | |
| 投資 | | |
| 稅負 | | |
| 其他 | | |
| | | |
| 支出總計 | | |

### 個人＿＿＿月收支結算

| 收入合計 | |
|---|---|
| 支出合計 | |
| 收支結算 | |

# 月行事曆

| Monday | Tuesday | Wednesday | Thursday |
|---|---|---|---|
|  |  |  |  |
|  |  |  |  |
|  |  |  |  |
|  |  |  |  |

| Friday | Saturday | Sunday | Weekly Plan |
|--------|----------|--------|-------------|
|        |          |        |             |
|        |          |        |             |
|        |          |        |             |
|        |          |        |             |

## 每日個人記帳表

| 項目／星期 | | Monday | Tuesday | Wednesday | Thursday |
|---|---|---|---|---|---|
| 伙食 | 早餐 | | | | |
| | 中餐 | | | | |
| | 晚餐 | | | | |
| | 點心／宵夜 | | | | |
| 置裝 | 衣服 | | | | |
| | | | | | |
| | 鞋子 | | | | |
| | 配件 | | | | |
| | 其他 | | | | |
| 交通 | 大眾交通工具 | | | | |
| | 計程車 | | | | |
| | 汽機車油費 | | | | |
| | 汽機車保養 | | | | |
| | 其他 | | | | |
| 教育 | 成人課程學習 | | | | |
| | 子女學費 | | | | |
| | 文具費用 | | | | |
| | 其他 | | | | |
| 休閒娛樂 | | | | | |
| 交際費 | | | | | |
| 美妝保養 | | | | | |
| 雜項 | | | | | |
| 支出小計 | | | | | |

| Friday | Saturday | Sunday | Memo |
|--------|----------|--------|------|
| | | | 伙食費小計 |
| | | | 置裝費小計 |
| | | | 交通費小計 |
| | | | 教育費小計 |
| | | | 休閒娛樂費小計 |
| | | | 交際費小計 |
| | | | 美妝費小計 |
| | | | 其他小計 |
| | | | 週支出合計 |

## 每日個人記帳表

| 項目／星期 | | Monday | Tuesday | Wednesday | Thursday |
|---|---|---|---|---|---|
| 伙食 | 早餐 | | | | |
| | 中餐 | | | | |
| | 晚餐 | | | | |
| | 點心／宵夜 | | | | |
| 置裝 | 衣服 | | | | |
| | 鞋子 | | | | |
| | 配件 | | | | |
| | 其他 | | | | |
| 交通 | 大眾交通工具 | | | | |
| | 計程車 | | | | |
| | 汽機車油費 | | | | |
| | 汽機車保養 | | | | |
| | 其他 | | | | |
| 教育 | 成人課程學習 | | | | |
| | 子女學費 | | | | |
| | 文具費用 | | | | |
| | 其他 | | | | |
| 休閒娛樂 | | | | | |
| 交際費 | | | | | |
| 美妝保養 | | | | | |
| 雜項 | | | | | |
| 支出小計 | | | | | |

| Friday | Saturday | Sunday | Memo |
|--------|----------|--------|------|
|  |  |  | 伙食費小計 |
|  |  |  | 置裝費小計 |
|  |  |  | 交通費小計 |
|  |  |  | 教育費小計 |
|  |  |  | 休閒娛樂費小計 |
|  |  |  | 交際費小計 |
|  |  |  | 美妝費小計 |
|  |  |  | 其他小計 |
|  |  |  | 週支出合計 |

# 每日個人記帳表

| 項目／星期 | | Monday | Tuesday | Wednesday | Thursday |
|---|---|---|---|---|---|
| 伙食 | 早餐 | | | | |
| | 中餐 | | | | |
| | 晚餐 | | | | |
| | 點心／宵夜 | | | | |
| 置裝 | 衣服 | | | | |
| | 鞋子 | | | | |
| | 配件 | | | | |
| | 其他 | | | | |
| 交通 | 大眾交通工具 | | | | |
| | 計程車 | | | | |
| | 汽機車油費 | | | | |
| | 汽機車保養 | | | | |
| | 其他 | | | | |
| 教育 | 成人課程學習 | | | | |
| | 子女學費 | | | | |
| | 文具費用 | | | | |
| | 其他 | | | | |
| 休閒娛樂 | | | | | |
| 交際費 | | | | | |
| 美妝保養 | | | | | |
| 雜項 | | | | | |
| 支出小計 | | | | | |

| Friday | Saturday | Sunday | Memo |
|--------|----------|--------|------|
| | | | 伙食費小計 |
| | | | 置裝費小計 |
| | | | 交通費小計 |
| | | | 教育費小計 |
| | | | 休閒娛樂費小計 |
| | | | 交際費小計 |
| | | | 美妝費小計 |
| | | | 其他小計 |
| | | | 週支出合計 |

## 每日個人記帳表

| 項目／星期 | | Monday | Tuesday | Wednesday | Thursday |
|---|---|---|---|---|---|
| 伙食 | 早餐 | | | | |
| | 中餐 | | | | |
| | 晚餐 | | | | |
| | 點心／宵夜 | | | | |
| 置裝 | 衣服 | | | | |
| | 鞋子 | | | | |
| | 配件 | | | | |
| | 其他 | | | | |
| 交通 | 大眾交通工具 | | | | |
| | 計程車 | | | | |
| | 汽機車油費 | | | | |
| | 汽機車保養 | | | | |
| | 其他 | | | | |
| 教育 | 成人課程學習 | | | | |
| | 子女學費 | | | | |
| | 文具費用 | | | | |
| | 其他 | | | | |
| 休閒娛樂 | | | | | |
| 交際費 | | | | | |
| 美妝保養 | | | | | |
| 雜項 | | | | | |
| 支出小計 | | | | | |

| Friday | Saturday | Sunday | Memo |
|--------|----------|--------|------|
| | | | 伙食費小計 |
| | | | 置裝費小計 |
| | | | 交通費小計 |
| | | | 教育費小計 |
| | | | 休閒娛樂費小計 |
| | | | 交際費小計 |
| | | | 美妝費小計 |
| | | | 其他小計 |
| | | | 週支出合計 |

# 月投資記錄表

## 股票買賣紀錄

| 股票名稱 | 股票代號 | 買進 | | 賣出 | | 盈虧 |
|---|---|---|---|---|---|---|
| | | 時間 | 股價 | 時間 | 股價 | |
| | | | | | | |
| | | | | | | |
| | | | | | | |
| | | | | | | |

## 基金買賣紀錄

| 基金名稱 | 買進 | | 賣出 | | 盈虧 |
|---|---|---|---|---|---|
| | 時間 | 股價 | 時間 | 股價 | |
| | | | | | |
| | | | | | |
| | | | | | |
| | | | | | |

## 儲蓄紀錄

| 日期 | 行庫名稱 | 戶名 | 存提金額 | 累計金額 |
|---|---|---|---|---|
| | | | | |
| | | | | |
| | | | | |
| | | | | |

## 保險紀錄

| 被保險人 | 保險名稱種類 | 期付金額 | 繳款方式 | 業務員聯絡方式 |
|---|---|---|---|---|
| | | | | |
| | | | | |
| | | | | |

NOTE......

27

採辦年貨、準備紅包，
我的年終獎金應該怎麼分配？

# 新的一年，
# 你該有新的計畫

已故的「經營之神」王永慶曾經說過：
「賺1塊錢不是真的賺錢，要懂得存下1塊錢才是真的賺錢；因為只有存下來的錢，才會真正進到你的口袋…。」

有些人的薪水待遇不錯，但是等到年過四十，回頭看看自己——房子是租的，存摺裡的現金不到五十萬…，你是否想過：「工作這麼多年的錢，究竟都到哪去了？」這個例子就是告訴我們，**不只要會「賺」錢，更要懂得「省」錢，如此一來你才可能會變「有」錢。**

新的年度，要添購的東西可還真不少，過年紅包發了，小孩的學費也要先省下來，接下來的兩個月，房屋稅、燃料稅、所得稅……等，萬萬稅接踵而來，每個人一想到這裡就「一個頭、兩個大」，所以，手上的一分錢可都得花在刀口上，必須學著當個精明的消費者，買東西永遠要貨比三家，利用團購也是一個好方法；千萬不要覺得使用折價券很丟臉，大賣場的試吃、試用活動一樣也別放過。畢竟，你為什麼要花比較多的錢去買一樣的東西？

# 錢要花在刀口上，先給自己一個大紅包

隨著通膨時代的來臨，你的薪水永遠跟不上物價漲幅，辛苦賺來的錢有一部份就是這樣憑空被吃掉，所以才會老是覺得口袋裡的錢根本不夠用！其實，問題癥結不在薪水不夠用，而是有許多錢是在不知不覺中漏光了，所以，現在最重要的功課不是教你怎麼賺錢，是要教你怎麼花錢——唯有省下1塊錢，才是真正賺到1塊錢。

或許你會說，我一個月薪水不過30,000元，光是房租就付掉8,000元，伙食交通至少10,0000元，還要定期孝敬雙親5,000元，剩下幾千塊隨便跟朋友出門吃吃喝喝就沒有了，怎麼才能攢到錢啊？其實，只要少逛一次街、少喝一次咖啡、少做一次SPA、少講一次電話，少說、少買、少吃喝不但省錢，還可以減肥！態度決定財富多寡，習慣又是養成態度的最好方法。

千萬不要小看你所花掉的每一分錢，美國財經名人約翰‧坦伯頓就是活用小錢，努力發展出資本達6千億美金的跨國基金公司。坦伯頓非常重視每1塊錢的運用，認為花錢就是透過生活習慣所建立的生活態度！

千萬不要小看這些省下來的小錢，經過長時間的累積，加上複利的效果，小錢也能變大錢。因為就連愛因斯坦都曾說過：「複利的威力，遠勝原子彈！」

**理財ing 坦伯頓教你佔便宜**
- 買東西請記得「貨比三家」。
- 利用團購，能夠幫你省下更多錢。
- 跳蚤市場挖寶，你也能找到好東西。
- 不要因為特價促銷，而去衝動購物。
- 免費試吃、試用、優惠券，通通別放過！

## 團結有力量，合購省很大

景氣不好，除了開源，節流也很重要。提到節流，就不能不提現在夯到翻的團購，從黑師傅捲心酥、巴特里爆漿奶油餐包，一路買到香帥芋泥捲，不僅可以免運費送到公司，加上量大，買下來的單價絕對比市價便宜。如果你不是上班族也別擔心，現在還有上網跟團的活動喔，加入一些合購平台，集合其他網友的力量，同樣可以享受免運費和折扣的優惠哩！

至於團購到底省下什麼錢？一般來說，團購省錢主要來自運費與轉帳，如果每次使用ATM轉帳要花手續費17元，郵局寄送的最小包裹要55元，而食品更麻煩，因為很多需要低溫宅配，費用更是從200元起跳。隨隨便便買件小東西，轉帳、運費加一加，7、80元跑不掉。有的賣家有免運費門檻，如果團購自然可以省下運費，不然一起分攤，也可以積少成多。就像現在當紅的每朝健康綠茶來說，零售價一瓶39元，如果上網跟人一起合購，滿5箱每箱550元，平均下來每瓶才23元呢。

從美食、生活用品到精品，現在甚至連買屋、裝潢都有團購價，就像是網路房地產廣告業者「網路地產王」，集結網路上想要買房子的網友們，用團體購買的力量向建商殺價。有一對新婚夫妻，相中了台北市的通勤捷運宅，但價錢一直談不攏，直到透過網路買屋團購，終於把價錢殺下來，算一算，竟然省了超過1,000,000元。

## 我的＿＿＿月收支計劃

### 個人＿＿＿月收入紀錄表

| 項目 | 內容 | 金額 |
|---|---|---|
| 薪資收入 稅前 | | |
| 兼職收入 | | |
| 其他 | | |
| 淨收入總計 稅後 | | |

### 個人＿＿＿月固定支出

| 項目 | 內容 | 金額 |
|---|---|---|
| 房租 | | |
| 水費 | | |
| 電費 | | |
| 瓦斯 | | |
| 室內電話費 網路 | | |
| 手機 | | |
| 其他 | | |
| | | |
| 固定支出總計 | | |

### 個人＿＿＿月生活費

| 項目 | 內容／預算 | 實際開銷 |
|---|---|---|
| 飲食 | | |
| 服裝 | | |
| 交通 | | |
| 娛樂 | | |
| 教育 | | |
| 刷卡 | | |
| 保險費 | | |
| 投資 | | |
| 稅負 | | |
| 其他 | | |
| 支出總計 | | |

### 個人＿＿＿月收支結算

| 收入合計 | |
|---|---|
| 支出合計 | |
| 收支結算 | |

月行事曆

| Monday | Tuesday | Wednesday | Thursday |
|--------|---------|-----------|----------|

| Friday | Saturday | Sunday | Weekly Plan |
|--------|----------|--------|-------------|
|        |          |        |             |
|        |          |        |             |
|        |          |        |             |
|        |          |        |             |

# 每日個人記帳表

| 項目／星期 | | Monday | Tuesday | Wednesday | Thursda |
|---|---|---|---|---|---|
| 伙食 | 早餐 | | | | |
| | 中餐 | | | | |
| | 晚餐 | | | | |
| | 點心／宵夜 | | | | |
| 置裝 | 衣服 | | | | |
| | 鞋子 | | | | |
| | 配件 | | | | |
| | 其他 | | | | |
| 交通 | 大眾交通工具 | | | | |
| | 計程車 | | | | |
| | 汽機車油費 | | | | |
| | 汽機車保養 | | | | |
| | 其他 | | | | |
| 教育 | 成人課程學習 | | | | |
| | 子女學費 | | | | |
| | 文具費用 | | | | |
| | 其他 | | | | |
| 休閒娛樂 | | | | | |
| 交際費 | | | | | |
| 美妝保養 | | | | | |
| 雜項 | | | | | |
| 支出小計 | | | | | |

| Friday | Saturday | Sunday | Memo |
|--------|----------|--------|------|
| | | | 伙食費小計 |
| | | | 置裝費小計 |
| | | | 交通費小計 |
| | | | 教育費小計 |
| | | | 休閒娛樂費小計 |
| | | | 交際費小計 |
| | | | 美妝費小計 |
| | | | 其他小計 |
| | | | 週支出合計 |

# 每日個人記帳表

| 項目／星期 | | Monday | Tuesday | Wednesday | Thursda |
|---|---|---|---|---|---|
| 伙食 | 早餐 | | | | |
| | 中餐 | | | | |
| | 晚餐 | | | | |
| | 點心／宵夜 | | | | |
| 置裝 | 衣服 | | | | |
| | 鞋子 | | | | |
| | 配件 | | | | |
| | 其他 | | | | |
| 交通 | 大眾交通工具 | | | | |
| | 計程車 | | | | |
| | 汽機車油費 | | | | |
| | 汽機車保養 | | | | |
| | 其他 | | | | |
| 教育 | 成人課程學習 | | | | |
| | 子女學費 | | | | |
| | 文具費用 | | | | |
| | 其他 | | | | |
| 休閒娛樂 | | | | | |
| 交際費 | | | | | |
| 美妝保養 | | | | | |
| 雜項 | | | | | |
| 支出小計 | | | | | |

| Friday | Saturday | Sunday | Memo |
|--------|----------|--------|------|
| | | | 伙食費小計 |
| | | | 置裝費小計 |
| | | | 交通費小計 |
| | | | 教育費小計 |
| | | | 休閒娛樂費小計 |
| | | | 交際費小計 |
| | | | 美妝費小計 |
| | | | 其他小計 |
| | | | 週支出合計 |

# 每日個人記帳表

| 項目／星期 | | Monday | Tuesday | Wednesday | Thursday |
|---|---|---|---|---|---|
| 伙食 | 早餐 | | | | |
| | 中餐 | | | | |
| | 晚餐 | | | | |
| | 點心／宵夜 | | | | |
| 置裝 | 衣服 | | | | |
| | 鞋子 | | | | |
| | 配件 | | | | |
| | 其他 | | | | |
| 交通 | 大眾交通工具 | | | | |
| | 計程車 | | | | |
| | 汽機車油費 | | | | |
| | 汽機車保養 | | | | |
| | 其他 | | | | |
| 教育 | 成人課程學習 | | | | |
| | 子女學費 | | | | |
| | 文具費用 | | | | |
| | 其他 | | | | |
| 休閒娛樂 | | | | | |
| 交際費 | | | | | |
| 美妝保養 | | | | | |
| 雜項 | | | | | |
| 支出小計 | | | | | |

| Friday | Saturday | Sunday | Memo |
|---|---|---|---|
| | | | 伙食費小計 |
| | | | 置裝費小計 |
| | | | 交通費小計 |
| | | | 教育費小計 |
| | | | 休閒娛樂費小計 |
| | | | 交際費小計 |
| | | | 美妝費小計 |
| | | | 其他小計 |
| | | | 週支出合計 |

# 每日個人記帳表

| 項目／星期 | | Monday | Tuesday | Wednesday | Thursda |
|---|---|---|---|---|---|
| 伙食 | 早餐 | | | | |
| | 中餐 | | | | |
| | 晚餐 | | | | |
| | 點心／宵夜 | | | | |
| 置裝 | 衣服 | | | | |
| | 鞋子 | | | | |
| | 配件 | | | | |
| | 其他 | | | | |
| 交通 | 大眾交通工具 | | | | |
| | 計程車 | | | | |
| | 汽機車油費 | | | | |
| | 汽機車保養 | | | | |
| | 其他 | | | | |
| 教育 | 成人課程學習 | | | | |
| | 子女學費 | | | | |
| | 文具費用 | | | | |
| | 其他 | | | | |
| 休閒娛樂 | | | | | |
| 交際費 | | | | | |
| 美妝保養 | | | | | |
| 雜項 | | | | | |
| 支出小計 | | | | | |

| Friday | Saturday | Sunday | Memo |
|---|---|---|---|
| | | | 伙食費小計 |
| | | | 置裝費小計 |
| | | | 交通費小計 |
| | | | 教育費小計 |
| | | | 休閒娛樂費小計 |
| | | | 交際費小計 |
| | | | 美妝費小計 |
| | | | 其他小計 |
| | | | 週支出合計 |

# 月投資記錄表

## 股票買賣紀錄

| 股票名稱 | 股票代號 | 買進 | | 賣出 | | 盈虧 |
| | | 時間 | 股價 | 時間 | 股價 | |
|---|---|---|---|---|---|---|
| | | | | | | |
| | | | | | | |
| | | | | | | |
| | | | | | | |

## 基金買賣紀錄

| 基金名稱 | 買進 | | 賣出 | | 盈虧 |
| | 時間 | 股價 | 時間 | 股價 | |
|---|---|---|---|---|---|
| | | | | | |
| | | | | | |
| | | | | | |
| | | | | | |

## 儲蓄紀錄

| 日期 | 行庫名稱 | 戶名 | 存提金額 | 累計金額 |
|---|---|---|---|---|
| | | | | |
| | | | | |
| | | | | |
| | | | | |

## 保險紀錄

| 被保險人 | 保險名稱種類 | 期付金額 | 繳款方式 | 業務員聯絡方式 |
|---|---|---|---|---|
| | | | | |
| | | | | |
| | | | | |

NOTE......

消費ing 網路團購看這邊

I HER GO團購http://www.ihergo.com/
BUY17團購網http://www.buy17.com.tw/
AHHA團購網http://www.ahha.com.tw/
台灣178一起BUY俱樂部http://www.178.club.tw/
網路地產王http://www.vrhouse.com.tw/

# 3月

# 正值報稅季節，
# 扣繳憑單先備好！

現在雖然離報稅截至日還有兩個月的期限，
但是如果拖到五月申報前夕才來處理報稅事宜，
這時恐怕就已經太晚了⋯⋯。

在我身上就曾經發生過一次慘痛教訓，生性懶惰的我，報稅的事情一向都是交給爸媽去處理，直到去年，我赫然發現自己要報繳的稅款怎麼比往年高出許多，但是由於爸爸在報稅的最後一天才去申報，加上又忘了帶齊我的保險單據，也因為人潮實在太多，所以爸爸根本懶得回家拿收據再重排一次隊，所以，我只能大嘆為時已晚，眼睜睜地吞下2萬多的可扣抵稅額。

嚐到教訓的我，如今再也不敢忽略報稅的事情了，唯有提前計劃，才有充足的時間整理過去一年的各項所得憑據及費用資料，一定要抱著柯南辦案的精神，涓滴不漏地備齊抵扣資料，這才不會錯失任何扣除額與費用減免的機會，千萬別像過去的我一樣，毫不在意地讓自己的權益睡著了！

# 抵扣單據積少成多，小錢也能立大功

　　報稅就是要秉持「能省1元是1元」的精神，但是真想要省稅，首先還是必須把握各項扣除額的優惠資訊，平常就要留心且有系統地整裡各種花費，或許你會覺得，看醫生花個150、200元掛號費，能省下多少稅金？加上拿到收據又嫌麻煩，所以不經意地便隨手就扔了！請試想：如果是以一家四口來看，一年光生病的醫藥單據，累積下來恐怕也有不少錢喔！

　　雖然每年要到五月才申報所得稅，但是由於各項單據多又雜，最好現在就從現在開始進行整理，一旦發現有缺漏，也才有時間去補救我有一位姐妹淘小莉的爸爸，就曾發生去年開刀的收據沒有放好，等到必須報稅時才發現收據找不到了，而為了這件事，小莉還特別請假去醫院重新申請補發，徒然浪費時間與精力。另外，整理這些單據，也可讓你順便檢視一下去年的收入及支出狀況，可謂一舉兩得。

## 想節稅，勤練基本功

| 項目 | 內容 | 備註 |
|---|---|---|
| 整理各類單據 | · 整理各種費用單據，例如醫療費用、買屋借款利息支出。<br>· 各種財產交易單據（例如出售未上市櫃股票、或出售房屋等）。<br>· 每年報稅資料與申報書必須留底，做為比對依據。 | 不浪費任何用來可扣抵的費用。 |
| 整理所得資料 | · 5月分可向稅捐機關申請所得歸戶資料。<br>· 每年4月20日可向稅捐機關申請分戶所得資料。 | 對自己到底賺了多少錢，必須先有個譜！ |
| 檢視捐贈項目 | · 實務捐贈是國稅局查核重點。<br>· 實物捐贈有須課最低稅負問題。 | 不少名人利用實物捐贈來節稅，卻被檢調單位列為補稅對象，所以對於實物捐贈內容，可得特別小心。 |

## 攀親帶故好節稅

### 1. 標準扣除額vs.列舉扣除額

　　單身族的標準扣除額為44,000元，已婚族的標準扣除額為88,000元，如果你的醫藥、生育費、保險費、自用住宅購屋借款利息或房屋租金、捐贈及災害損失等支出，超過標準扣除額的話，建議你使用列舉申報比較省錢，不然使用標準扣除額申報即可。

### 2. 夫妻分開vs.合併申報

　　除了當年度新婚或是已離婚的狀態，選擇單獨申報較有利，其他一般正常夫妻，法律規定必須合併申報，但可以選擇合併或分開計算稅額，建議採用分開計稅，然後選擇薪資所得較低的人充當納稅義務人會比較有利。

### 3. 扶養1等親vs.扶養3等親

　　除了父母和孩子外，因為某些原因，很多人還必需照顧兄弟姊妹的孩子，但他們也可以申報扶養嗎？答案是肯定的，但是必須要提出舉證：像是受扶養人的父母確實無能力自行扶養、受扶養人的父母的是軍公教人員，另外，納稅義務人與受扶養人最好是同戶籍，如果不同戶籍的話，就必須準備受扶養人父母的身份證影本、切結書還有村里長證明等等。

**我的＿＿月收支計劃**

## 個人＿＿月收入紀錄表

| 項目 | 內容 | 金額 |
|---|---|---|
| 薪資收入 税前 | | |
| 兼職收入 | | |
| 其他 | | |
| 淨收入總計 税後 | | |

## 個人＿＿月固定支出

| 項目 | 內容 | 金額 |
|---|---|---|
| 房租 | | |
| 水費 | | |
| 電費 | | |
| 瓦斯 | | |
| 室內電話費 網路 | | |
| 手機 | | |
| 其他 | | |
| | | |
| 固定支出總計 | | |

## 個人＿＿月生活費

| 項目 | 內容／預算 | 實際開銷 |
|---|---|---|
| 飲食 | | |
| 服裝 | | |
| 交通 | | |
| 娛樂 | | |
| 教育 | | |
| 刷卡 | | |
| 保險費 | | |
| 投資 | | |
| 稅負 | | |
| 其他 | | |
| | | |
| 支出總計 | | |

## 個人＿＿月收支結算

| 收入合計 | |
|---|---|
| 支出合計 | |
| 收支結算 | |

月行事曆

| Monday | Tuesday | Wednesday | Thursday |
|--------|---------|-----------|----------|
| | | | |
| | | | |
| | | | |
| | | | |

| Friday | Saturday | Sunday | Weekly Plan |
|--------|----------|--------|-------------|
|        |          |        |             |
|        |          |        |             |
|        |          |        |             |
|        |          |        |             |

# 每日個人記帳表

| 項目／星期 | | Monday | Tuesday | Wednesday | Thursday |
|---|---|---|---|---|---|
| 伙食 | 早餐 | | | | |
| | 中餐 | | | | |
| | 晚餐 | | | | |
| | 點心／宵夜 | | | | |
| 置裝 | 衣服 | | | | |
| | 鞋子 | | | | |
| | 配件 | | | | |
| | 其他 | | | | |
| 交通 | 大眾交通工具 | | | | |
| | 計程車 | | | | |
| | 汽機車油費 | | | | |
| | 汽機車保養 | | | | |
| | 其他 | | | | |
| 教育 | 成人課程學習 | | | | |
| | 子女學費 | | | | |
| | 文具費用 | | | | |
| | 其他 | | | | |
| 休閒娛樂 | | | | | |
| 交際費 | | | | | |
| 美妝保養 | | | | | |
| 雜項 | | | | | |
| 支出小計 | | | | | |

| Friday | Saturday | Sunday | Memo |
|--------|----------|--------|------|
| | | | 伙食費小計 |
| | | | 置裝費小計 |
| | | | 交通費小計 |
| | | | 教育費小計 |
| | | | 休閒娛樂費小計 |
| | | | 交際費小計 |
| | | | 美妝費小計 |
| | | | 其他小計 |
| | | | 週支出合計 |

# 每日個人記帳表

| 項目／星期 | | Monday | Tuesday | Wednesday | Thursday |
|---|---|---|---|---|---|
| 伙食 | 早餐 | | | | |
| | 中餐 | | | | |
| | 晚餐 | | | | |
| | 點心／宵夜 | | | | |
| 置裝 | 衣服 | | | | |
| | 鞋子 | | | | |
| | 配件 | | | | |
| | 其他 | | | | |
| 交通 | 大眾交通工具 | | | | |
| | 計程車 | | | | |
| | 汽機車油費 | | | | |
| | 汽機車保養 | | | | |
| | 其他 | | | | |
| 教育 | 成人課程學習 | | | | |
| | 子女學費 | | | | |
| | 文具費用 | | | | |
| | 其他 | | | | |
| 休閒娛樂 | | | | | |
| 交際費 | | | | | |
| 美妝保養 | | | | | |
| 雜項 | | | | | |
| 支出小計 | | | | | |

| Friday | Saturday | Sunday | Memo |
|---|---|---|---|
| | | | 伙食費小計 |
| | | | 置裝費小計 |
| | | | 交通費小計 |
| | | | 教育費小計 |
| | | | 休閒娛樂費小計 |
| | | | 交際費小計 |
| | | | 美妝費小計 |
| | | | 其他小計 |
| | | | 週支出合計 |

# 每日個人記帳表

| 項目／星期 | | Monday | Tuesday | Wednesday | Thursda |
|---|---|---|---|---|---|
| 伙食 | 早餐 | | | | |
| | 中餐 | | | | |
| | 晚餐 | | | | |
| | 點心／宵夜 | | | | |
| 置裝 | 衣服 | | | | |
| | 鞋子 | | | | |
| | 配件 | | | | |
| | 其他 | | | | |
| 交通 | 大眾交通工具 | | | | |
| | 計程車 | | | | |
| | 汽機車油費 | | | | |
| | 汽機車保養 | | | | |
| | 其他 | | | | |
| 教育 | 成人課程學習 | | | | |
| | 子女學費 | | | | |
| | 文具費用 | | | | |
| | 其他 | | | | |
| 休閒娛樂 | | | | | |
| 交際費 | | | | | |
| 美妝保養 | | | | | |
| 雜項 | | | | | |
| 支出小計 | | | | | |

| Friday | Saturday | Sunday | Memo |
|--------|----------|--------|------|
| | | | 伙食費小計 |
| | | | 置裝費小計 |
| | | | 交通費小計 |
| | | | 教育費小計 |
| | | | 休閒娛樂費小計 |
| | | | 交際費小計 |
| | | | 美妝費小計 |
| | | | 其他小計 |
| | | | 週支出合計 |

# 每日個人記帳表

| 項目／星期 | | Monday | Tuesday | Wednesday | Thursda |
|---|---|---|---|---|---|
| 伙食 | 早餐 | | | | |
| | 中餐 | | | | |
| | 晚餐 | | | | |
| | 點心／宵夜 | | | | |
| 置裝 | 衣服 | | | | |
| | 鞋子 | | | | |
| | 配件 | | | | |
| | 其他 | | | | |
| 交通 | 大眾交通工具 | | | | |
| | 計程車 | | | | |
| | 汽機車油費 | | | | |
| | 汽機車保養 | | | | |
| | 其他 | | | | |
| 教育 | 成人課程學習 | | | | |
| | 子女學費 | | | | |
| | 文具費用 | | | | |
| | 其他 | | | | |
| 休閒娛樂 | | | | | |
| 交際費 | | | | | |
| 美妝保養 | | | | | |
| 雜項 | | | | | |
| 支出小計 | | | | | |

| Friday | Saturday | Sunday | Memo |
|---|---|---|---|
| | | | 伙食費小計 |
| | | | 置裝費小計 |
| | | | 交通費小計 |
| | | | 教育費小計 |
| | | | 休閒娛樂費小計 |
| | | | 交際費小計 |
| | | | 美妝費小計 |
| | | | 其他小計 |
| | | | 週支出合計 |

# 月投資記錄表

## 股票買賣紀錄

| 股票名稱 | 股票代號 | 買進 | | 賣出 | | 盈虧 |
|---|---|---|---|---|---|---|
| | | 時間 | 股價 | 時間 | 股價 | |
| | | | | | | |
| | | | | | | |
| | | | | | | |
| | | | | | | |

## 基金買賣紀錄

| 基金名稱 | 買進 | | 賣出 | | 盈虧 |
|---|---|---|---|---|---|
| | 時間 | 股價 | 時間 | 股價 | |
| | | | | | |
| | | | | | |
| | | | | | |
| | | | | | |

## 儲蓄紀錄

| 日期 | 行庫名稱 | 戶名 | 存提金額 | 累計金額 |
|---|---|---|---|---|
| | | | | |
| | | | | |
| | | | | |
| | | | | |

## 保險紀錄

| 被保險人 | 保險名稱種類 | 期付金額 | 繳款方式 | 業務員聯絡方式 |
|---|---|---|---|---|
| | | | | |
| | | | | |
| | | | | |

## 資產負債表

| | 資產 | | | 負債 | |
|---|---|---|---|---|---|
| | 項　目 | 金　額 | | 項　目 | 金　額 |
| 流動資產 | 現　　金 | | 流動負債 | 信 用 貸 款 | |
| | 活 期 存 款 | | | 消 費 性 貸 款 | |
| | 短 線 股 票 | | | 現金 (信用) 卡債 | |
| | 外　　幣 | | | 購 物 分 期 付 款 | |
| | 保　　單 | | | 親 友 借 貸 | |
| | 其　　他 | | | 其　　他 | |
| 固定資產 | 黃 金 珠 寶 | | 長期負債 | 互助會 (死會) | |
| | 長 線 績 優 股 | | | 房　　貸 | |
| | 基　　金 | | | 房 貸 二 胎 | |
| | 定 期 存 款 | | | 汽 車 貸 款 | |
| | 外 幣 定 存 | | | 就 學 貸 款 | |
| | 房 地 產 | | 負債總計 (B) | | |
| | 其　　他 | | 總資產 (A) －總負債 (B) ＝ 淨值 | | |
| 資產總計 (A) | | | | | |

資產現況：

負債現況：

改進方案：

改進方案：

# 4月

「有土斯有財」的傳統觀念桎梏，
擁有自己的房子才是美好的人生。

# 買屋好，租屋方便？
# 實在兩難啊！

到底該不該買房子？這個問題可以想得很複雜，也可以決定得很簡單，因為可考慮的客觀因素實在太多，地段、價位、生活機能……但最後決定的關鍵卻只有一個，就是你自己。

自 2008年底的金融風暴後，為了提振景氣，央行不斷降息，政府更是使勁全力地祭出多項優惠房貸政策，希望吸引民眾搶搭購屋熱潮。這一年來身邊不少人都動了想要買房子的念頭。可是，現在到底是不是購屋的最佳時機點呢？而如果真要購屋，房貸又要怎麼申請，才能省最大？

到底該不該買房子？這個問題可以想得很複雜，也可以決定得很簡單，因為可考慮的客觀因素實在太多，地段、價位、生活機能……等皆是，但其實說穿了，最後決定的關鍵只有一個，就是你自己。

其實，最好的方法就是多看、多比較，先從親友的房子開始看起，了解自己究竟喜歡哪些地段的房屋？當地的環境及租買情況又是如何？然後再想想自己到底是否真有購屋的需求？以及該要買在哪裡？有能力負擔房貸嗎？

# 房屋貸款，殺很大！

中國人一直有個傳統的觀念「有土斯有財」，總覺得一定要買了房子，人生才算真正穩定下來。但去年亞洲銀行做的調查報告中，指出台灣的房貸負擔占國民所得比率高達38.4%，是亞洲的第二名，僅管現在正處於低利率的環境，台灣家庭的房貸壓力還是很沉重。所以在買房子前，一定要衡量個人的財務狀況及需求，然後再做決定。

如果下定了決心要買房子，貸款是一個很重要的問題，畢竟少則二十年，多則三十年，這漫長的歲月，一個資金調度不良，可能就會嚴重的影響你的生活品質。所以在申請貸款前，一定要多方打聽，看看哪種房貸最適合自己，一般來說，**每月要繳的房貸支出最好不要超過家庭總收入的三分之一**，這樣負擔才不會太重，遇到突發狀況或有臨時需求時，才不會失去應變的能力。要挑省錢房貸，一定先觀察利率再看還款方式。一般來說，房貸都有三年不等的寬限期（只還利息、不還本金），但須留意利率上漲的風險，如果手頭資金還算充裕的話，可採用每月攤還本金或雙周繳款方式，可以縮短欠款期限，減少利息總支出。

現在申請房貸，利率殺低不夠看，如果連代書流程都可以自己跑的話，還可以省更多。買房子除了要付房價之外，還要委託代書辦理房屋抵押、申辦房貸、購買火險、地震險等各項雜事，代書費用一到二萬元跑不掉，很多人為了省事，通常都委託代書幫忙辦理，但如果想省錢，自己跑跑銀行、地政事務所，不但可以運動運動，還可以確保自己的不動產債權。在各項房屋買賣代書業務中，最複雜的事項就是房屋抵押權設定，在法令上，並沒有硬性規定這項業務只能由代書辦理，房屋的所有權人也可以自行辦理抵押權設定。另外，如果信用條件不錯的人，別忘了要跟銀行談手續費減免，省更大！

# 3撇步，省荷包

## TIPS 1：賺政府利息錢

不想讓銀行多Ａ一毛錢，政府優惠房貸是最好的選擇。目前除了行政院辦理的優惠房貸外，還有更好康的「青年低利購屋貸款」，去年利率已降到史上最低的1.16%。不過青年購屋貸款的限制較多，與申請人同一戶籍的直系親屬名下不可以有房產，不過只要想辦法把申請人遷去跟名下無房子的親友設在同一戶籍，就可以解決這樣的問題。除了青年貸款之外，政府現在還有四種優惠房貸，其中勞宅貸款跟公教貸款資格限制嚴，而且還要經過評點抽籤；國宅貸款則限定有資格承購國宅者；條件最寬的就是行政院優惠房貸，但是必須要先買了房子才可申辦。**目前政府提供的五大房貸中，除了青貸，其他優惠貸款都可以互相搭配申請。**

## TIPS 2：慎選銀行房貸

如果利用政策房貸，還額度不足的話，就要搭配銀行房貸，如果你是每月收支打平的月光族，最好選擇指數型房貸，這是目前房貸商品中利率最低的，加上低利時代來臨，指數型房貸仍為規避風險較好的選擇。抵利型是每天計算房貸額度扣掉存款餘額，來決定應付的房貸本息，所以如果在買屋之後，手邊還有一些餘錢的人，建議選擇抵利型房貸會比較有利，手上的錢愈多，省下的利息也愈多。而另一種理財型房貸，就是把已還清本息，設定成一個信用額度，例如貸款5,000,000元，已還清2,000,000元，這2,000,000元就可以設定成你的急用資金，隨時可以再借出來，這類房貸的利率通常比抵利型高，但是卻又低於一般信用貸款，所以常有現金需求的人，申辦這類房貸最適合。

## TIPS 3：貨比3家不吃虧

想要選擇最有利的房貸，沒有第二條路，那就是貨比3家不吃虧，充份收集資料以後再作決定。簽約時一定要了解全程利率計價方式，辦房貸最常發生的糾紛就是「利率沒講清楚」，許多人通常只在乎利率低不低，銀行行員也不會主動告知只有第一年的利率是固定的，而在合約的小角落上寫「第三年起本行有權按市場浮動更改計息方式，客戶不得異議，本行將於更改一個月前通知。」簽合約前千萬要看仔細。**選擇貸款銀行最好先找有長期往來的行庫，不然就找公司的薪資轉帳銀行，這樣得到的評比較高，也能談到較低的利率。**

## 我的____月收支計劃

### 個人____月收入紀錄表

| 項目 | 內容 | 金額 |
|---|---|---|
| 薪資收入 稅前 | | |
| 兼職收入 | | |
| 其他 | | |
| 淨收入總計 稅後 | | |

### 個人____月固定支出

| 項目 | 內容 | 金額 |
|---|---|---|
| 房租 | | |
| 水費 | | |
| 電費 | | |
| 瓦斯 | | |
| 室內電話費 網路 | | |
| 手機 | | |
| 其他 | | |
| | | |
| 固定支出總計 | | |

### 個人____月生活費

| 項目 | 內容／預算 | 實際開銷 |
|---|---|---|
| 飲食 | | |
| 服裝 | | |
| 交通 | | |
| 娛樂 | | |
| 教育 | | |
| 刷卡 | | |
| 保險費 | | |
| 投資 | | |
| 稅負 | | |
| 其他 | | |
| 支出總計 | | |

### 個人____月收支結算

| 收入合計 | |
|---|---|
| 支出合計 | |
| 收支結算 | |

月行事曆

| Monday | Tuesday | Wednesday | Thursday |
| --- | --- | --- | --- |
| | | | |
| | | | |
| | | | |
| | | | |

# 每日個人記帳表

| 項目／星期 | | Monday | Tuesday | Wednesday | Thursday |
|---|---|---|---|---|---|
| 伙食 | 早餐 | | | | |
| | 中餐 | | | | |
| | 晚餐 | | | | |
| | 點心／宵夜 | | | | |
| 置裝 | 衣服 | | | | |
| | 鞋子 | | | | |
| | 配件 | | | | |
| | 其他 | | | | |
| 交通 | 大眾交通工具 | | | | |
| | 計程車 | | | | |
| | 汽機車油費 | | | | |
| | 汽機車保養 | | | | |
| | 其他 | | | | |
| 教育 | 成人課程學習 | | | | |
| | 子女學費 | | | | |
| | 文具費用 | | | | |
| | 其他 | | | | |
| 休閒娛樂 | | | | | |
| 交際費 | | | | | |
| 美妝保養 | | | | | |
| 雜項 | | | | | |
| 支出小計 | | | | | |

| Friday | Saturday | Sunday | Memo |
|--------|----------|--------|------|
| | | | 伙食費小計 |
| | | | 置裝費小計 |
| | | | 交通費小計 |
| | | | 教育費小計 |
| | | | 休閒娛樂費小計 |
| | | | 交際費小計 |
| | | | 美妝費小計 |
| | | | 其他小計 |
| | | | 週支出合計 |

# 每日個人記帳表

| 項目／星期 | | Monday | Tuesday | Wednesday | Thursd |
|---|---|---|---|---|---|
| 伙食 | 早餐 | | | | |
| | 中餐 | | | | |
| | 晚餐 | | | | |
| | 點心／宵夜 | | | | |
| 置裝 | 衣服 | | | | |
| | 鞋子 | | | | |
| | 配件 | | | | |
| | 其他 | | | | |
| 交通 | 大眾交通工具 | | | | |
| | 計程車 | | | | |
| | 汽機車油費 | | | | |
| | 汽機車保養 | | | | |
| | 其他 | | | | |
| 教育 | 成人課程學習 | | | | |
| | 子女學費 | | | | |
| | 文具費用 | | | | |
| | 其他 | | | | |
| 休閒娛樂 | | | | | |
| 交際費 | | | | | |
| 美妝保養 | | | | | |
| 雜項 | | | | | |
| 支出小計 | | | | | |

| Friday | Saturday | Sunday | Memo |
|--------|----------|--------|------|
| | | | 伙食費小計 |
| | | | 置裝費小計 |
| | | | 交通費小計 |
| | | | 教育費小計 |
| | | | 休閒娛樂費小計 |
| | | | 交際費小計 |
| | | | 美妝費小計 |
| | | | 其他小計 |
| | | | 週支出合計 |

# 每日個人記帳表

| 項目／星期 | | Monday | Tuesday | Wednesday | Thursday |
|---|---|---|---|---|---|
| 伙食 | 早餐 | | | | |
| | 中餐 | | | | |
| | 晚餐 | | | | |
| | 點心／宵夜 | | | | |
| 置裝 | 衣服 | | | | |
| | 鞋子 | | | | |
| | 配件 | | | | |
| | 其他 | | | | |
| 交通 | 大眾交通工具 | | | | |
| | 計程車 | | | | |
| | 汽機車油費 | | | | |
| | 汽機車保養 | | | | |
| | 其他 | | | | |
| 教育 | 成人課程學習 | | | | |
| | 子女學費 | | | | |
| | 文具費用 | | | | |
| | 其他 | | | | |
| 休閒娛樂 | | | | | |
| 交際費 | | | | | |
| 美妝保養 | | | | | |
| 雜項 | | | | | |
| 支出小計 | | | | | |

| Friday | Saturday | Sunday | Memo |
|---|---|---|---|
| | | | 伙食費小計 |
| | | | 置裝費小計 |
| | | | 交通費小計 |
| | | | 教育費小計 |
| | | | 休閒娛樂費小計 |
| | | | 交際費小計 |
| | | | 美妝費小計 |
| | | | 其他小計 |
| | | | 週支出合計 |

# 每日個人記帳表

| 項目／星期 | | Monday | Tuesday | Wednesday | Thursday |
|---|---|---|---|---|---|
| 伙食 | 早餐 | | | | |
| | 中餐 | | | | |
| | 晚餐 | | | | |
| | 點心／宵夜 | | | | |
| 置裝 | 衣服 | | | | |
| | 鞋子 | | | | |
| | 配件 | | | | |
| | 其他 | | | | |
| 交通 | 大眾交通工具 | | | | |
| | 計程車 | | | | |
| | 汽機車油費 | | | | |
| | 汽機車保養 | | | | |
| | 其他 | | | | |
| 教育 | 成人課程學習 | | | | |
| | 子女學費 | | | | |
| | 文具費用 | | | | |
| | 其他 | | | | |
| 休閒娛樂 | | | | | |
| 交際費 | | | | | |
| 美妝保養 | | | | | |
| 雜項 | | | | | |
| 支出小計 | | | | | |

| Friday | Saturday | Sunday | Memo |
| --- | --- | --- | --- |
| | | | 伙食費小計 |
| | | | 置裝費小計 |
| | | | 交通費小計 |
| | | | 教育費小計 |
| | | | 休閒娛樂費小計 |
| | | | 交際費小計 |
| | | | 美妝費小計 |
| | | | 其他小計 |
| | | | 週支出合計 |

# 月投資記錄表

## 股票買賣紀錄

| 股票名稱 | 股票代號 | 買進 | | 賣出 | | 盈虧 |
|---|---|---|---|---|---|---|
| | | 時間 | 股價 | 時間 | 股價 | |
| | | | | | | |
| | | | | | | |
| | | | | | | |
| | | | | | | |

## 基金買賣紀錄

| 基金名稱 | 買進 | | 賣出 | | 盈虧 |
|---|---|---|---|---|---|
| | 時間 | 股價 | 時間 | 股價 | |
| | | | | | |
| | | | | | |
| | | | | | |
| | | | | | |

## 儲蓄紀錄

| 日期 | 行庫名稱 | 戶名 | 存提金額 | 累計金額 |
|---|---|---|---|---|
| | | | | |
| | | | | |
| | | | | |
| | | | | |

## 保險紀錄

| 被保險人 | 保險名稱種類 | 期付金額 | 繳款方式 | 業務員聯絡方式 |
|---|---|---|---|---|
| | | | | |
| | | | | |
| | | | | |

NOTE......

原本以為賺了一筆，
豈知卻是掉進「套房」的陷阱…。

# 除權息的高峰，
# 我該進場還是退場？

每年的除權息旺季一到，大家又開始煩惱，
我到底該不該抱著股票參加除權除息？
還是棄權先賣股票，等到除權息之後再逢低回補買進？

去年有個朋友問我，她手上的股票除權基準日快到了，到底要等著配股配息，還是應該要賣掉啊？相信很多婆婆媽媽、菜籃族都有這樣的困擾，什麼除權除息、填權填息，還有貼權貼息的，又不是繞口令，繞來繞去在繞什麼碗糕都沒人知道。所以，大家通常就是來個眼不見為淨，管他什麼X權X息，這跟股票漲跌有關係嗎？反正給我股利我就收，我只管得了眼前的利益。

結果我的朋友抱著股票，順利的拿到0.7元的現金股利和3.6元的股票股利，看起來真是大豐收，她也為此沾沾自喜，但沒想到，那家公司除權息行情過了之後，一路下跌，現在股價只剩下原來的一半，原本以為是賺了一筆，結果豈知是掉進「套房」的陷阱。

# 天下沒有白吃的午餐

每年的四月到六月是上市櫃公司股東會的旺季，決定盈餘的配發（就是俗稱的除權、除息）後，即進入一年一度的除權息旺季，直到七、八月進入除權息的高峰。每年的除權除息旺季一到，大家多半便會開始煩惱：「我到底該不該抱著股票參加除權除息？還是棄權先賣股票，等到除權除息後再逢低回補買進？」

所謂除權除息，簡單地說就是上市櫃公司發紅利給股東，如果是發股票就稱為除權，發現金稱為除息。但**公司發出了紅利，就代表公司資產減少，當然股價也得向下調整**，通常都以最後買進日的收盤價為基準，扣除紅利後，作為除權除息交易日的平盤價格，一般稱為除權除息參考價。

以上市櫃公司每天股價漲跌7％來看，遠遠高於除權除息金額，舉例來說，A公司股價50元，每天漲停、跌停價差各達3.5元，除權息配了1元現金股利，結果一開盤卻跌停3.5元，算一算參加除息的股東，反倒虧本2.5元。千萬不要只貪圖股票或現金股利，要不要參加除權除息，要看的是未來這檔股票上漲的機會有多少。如果判斷能漲，就可以考慮抱股參加除權除息，但如果判斷上漲機會不高，甚至有可能一路下跌，就可以考慮先賣後買，反而更划得來。

其實說穿了，除權除息都是拿自己的錢在自high，要不要參加，跟買股票的道理一樣，都要看這檔股票到底還會不會漲？如果答案80％是肯定的，我當然鼓勵你參加除權除息，但如果產業趨勢已經走下坡，就不該參加除權除息，一旦股價往下跌，可能更吃虧。

**理財ing 除權息計算好輕鬆**

只要輸入除前一天收盤價、配發現金及股票股利金額，
即可自動算出當日平盤參考價。
網址：http://www.easyatm.com.tw/calculate_b2.html

## 除權息教戰守則

當除權除息之後，一定會有漲有跌，假如B公司前一天的股價為10元，配股1元（股票股利）、配息1元（現金股利）的情況下，除權息當日的參考價格是8元，市場上一片看好這檔股票的話，B公司從8元開始上漲，漲回除權息前的股價10元的話，就稱之為填權、填息；但如果不被看好，除權息後反而股價開始下跌，跌到8元以下的話，那就叫做為貼權、貼息。

現在網路這麼發達，想要查查一家公司配發多少現金股息？有多少股票股利？員工分紅配股比例多少？是否有現金增資？現金增資認購價多少？甚麼時間為除權息基準日？這些資料都可以在券商網站上看到彙整資料，或者你也可以上台灣證券交易所網站查得相關訊息。（台灣證券交易所網站www.tse.com.tw首頁＞市場公告＞除權除息＞預告表）

掌握的資訊愈多，做出正確決定的機會就愈大，千萬別被眼前白花花的股利給迷惑，以為先拿先贏！多方觀察產業及各企業的成長趨勢，千萬不要賺了股利、賠了股價，那一切可就得不償失了。

**理財ing 除權息4點不漏**

1. 走勢：大盤盤勢與個股多空方向。
2. 基本面：產業或是個別公司未來具有成長前景的，填權填息機率就會比較高。
3. 員工分紅：該公司員工分紅配股高的，就有可能會侵犯到股東的權益。
4. 可扣抵稅額：參加高扣抵稅額公司除權息，有機會享受退稅。

## 我的＿＿＿月收支計劃

### 個人＿＿＿月收入紀錄表

| 項目 | 內容 | 金額 |
|---|---|---|
| 薪資收入 稅前 | | |
| 兼職收入 | | |
| 其他 | | |
| 淨收入總計 稅後 | | |

### 個人＿＿＿月固定支出

| 項目 | 內容 | 金額 |
|---|---|---|
| 房租 | | |
| 水費 | | |
| 電費 | | |
| 瓦斯 | | |
| 室內電話費 網路 | | |
| 手機 | | |
| 其他 | | |
| | | |
| 固定支出總計 | | |

### 個人＿＿＿月生活費

| 項目 | 內容／預算 | 實際開銷 |
|---|---|---|
| 飲食 | | |
| 服裝 | | |
| 交通 | | |
| 娛樂 | | |
| 教育 | | |
| 刷卡 | | |
| 保險費 | | |
| 投資 | | |
| 稅負 | | |
| 其他 | | |
| | | |
| 支出總計 | | |

### 個人＿＿＿月收支結算

| 收入合計 | |
|---|---|
| 支出合計 | |
| 收支結算 | |

月行事曆

| Monday | Tuesday | Wednesday | Thursday |
| --- | --- | --- | --- |
| | | | |
| | | | |
| | | | |
| | | | |

| Friday | Saturday | Sunday | Weekly Plan |
|---|---|---|---|
| | | | |
| | | | |
| | | | |
| | | | |

# 每日個人記帳表

| 項目／星期 | | Monday | Tuesday | Wednesday | Thursda |
|---|---|---|---|---|---|
| 伙食 | 早餐 | | | | |
| | 中餐 | | | | |
| | 晚餐 | | | | |
| | 點心／宵夜 | | | | |
| 置裝 | 衣服 | | | | |
| | 鞋子 | | | | |
| | 配件 | | | | |
| | 其他 | | | | |
| 交通 | 大眾交通工具 | | | | |
| | 計程車 | | | | |
| | 汽機車油費 | | | | |
| | 汽機車保養 | | | | |
| | 其他 | | | | |
| 教育 | 成人課程學習 | | | | |
| | 子女學費 | | | | |
| | 文具費用 | | | | |
| | 其他 | | | | |
| 休閒娛樂 | | | | | |
| 交際費 | | | | | |
| 美妝保養 | | | | | |
| 雜項 | | | | | |
| 支出小計 | | | | | |

| Friday | Saturday | Sunday | Memo |
|--------|----------|--------|------|
| | | | 伙食費小計 |
| | | | 置裝費小計 |
| | | | 交通費小計 |
| | | | 教育費小計 |
| | | | 休閒娛樂費小計 |
| | | | 交際費小計 |
| | | | 美妝費小計 |
| | | | 其他小計 |
| | | | 週支出合計 |

# 每日個人記帳表

| 項目／星期 | | Monday | Tuesday | Wednesday | Thursday |
|---|---|---|---|---|---|
| 伙食 | 早餐 | | | | |
| | 中餐 | | | | |
| | 晚餐 | | | | |
| | 點心／宵夜 | | | | |
| 置裝 | 衣服 | | | | |
| | 鞋子 | | | | |
| | 配件 | | | | |
| | 其他 | | | | |
| 交通 | 大眾交通工具 | | | | |
| | 計程車 | | | | |
| | 汽機車油費 | | | | |
| | 汽機車保養 | | | | |
| | 其他 | | | | |
| 教育 | 成人課程學習 | | | | |
| | 子女學費 | | | | |
| | 文具費用 | | | | |
| | 其他 | | | | |
| 休閒娛樂 | | | | | |
| 交際費 | | | | | |
| 美妝保養 | | | | | |
| 雜項 | | | | | |
| 支出小計 | | | | | |

| Friday | Saturday | Sunday | Memo |
|--------|----------|--------|------|
| | | | 伙食費小計 |
| | | | 置裝費小計 |
| | | | 交通費小計 |
| | | | 教育費小計 |
| | | | 休閒娛樂費小計 |
| | | | 交際費小計 |
| | | | 美妝費小計 |
| | | | 其他小計 |
| | | | 週支出合計 |

# 每日個人記帳表

| 項目／星期 | | Monday | Tuesday | Wednesday | Thursd |
|---|---|---|---|---|---|
| 伙食 | 早餐 | | | | |
| | 中餐 | | | | |
| | 晚餐 | | | | |
| | 點心／宵夜 | | | | |
| 置裝 | 衣服 | | | | |
| | 鞋子 | | | | |
| | 配件 | | | | |
| | 其他 | | | | |
| 交通 | 大眾交通工具 | | | | |
| | 計程車 | | | | |
| | 汽機車油費 | | | | |
| | 汽機車保養 | | | | |
| | 其他 | | | | |
| 教育 | 成人課程學習 | | | | |
| | 子女學費 | | | | |
| | 文具費用 | | | | |
| | 其他 | | | | |
| 休閒娛樂 | | | | | |
| 交際費 | | | | | |
| 美妝保養 | | | | | |
| 雜項 | | | | | |
| 支出小計 | | | | | |

| Friday | Saturday | Sunday | Memo |
| --- | --- | --- | --- |
| | | | 伙食費小計 |
| | | | 置裝費小計 |
| | | | 交通費小計 |
| | | | 教育費小計 |
| | | | 休閒娛樂費小計 |
| | | | 交際費小計 |
| | | | 美妝費小計 |
| | | | 其他小計 |
| | | | 週支出合計 |

# 每日個人記帳表

| 項目／星期 | | Monday | Tuesday | Wednesday | Thursda |
|---|---|---|---|---|---|
| 伙食 | 早餐 | | | | |
| | 中餐 | | | | |
| | 晚餐 | | | | |
| | 點心／宵夜 | | | | |
| 置裝 | 衣服 | | | | |
| | 鞋子 | | | | |
| | 配件 | | | | |
| | 其他 | | | | |
| 交通 | 大眾交通工具 | | | | |
| | 計程車 | | | | |
| | 汽機車油費 | | | | |
| | 汽機車保養 | | | | |
| | 其他 | | | | |
| 教育 | 成人課程學習 | | | | |
| | 子女學費 | | | | |
| | 文具費用 | | | | |
| | 其他 | | | | |
| 休閒娛樂 | | | | | |
| 交際費 | | | | | |
| 美妝保養 | | | | | |
| 雜項 | | | | | |
| 支出小計 | | | | | |

| Friday | Saturday | Sunday | Memo |
|--------|----------|--------|------|
| | | | 伙食費小計 |
| | | | 置裝費小計 |
| | | | 交通費小計 |
| | | | 教育費小計 |
| | | | 休閒娛樂費小計 |
| | | | 交際費小計 |
| | | | 美妝費小計 |
| | | | 其他小計 |
| | | | 週支出合計 |

# 月投資記錄表

## 股票買賣紀錄

| 股票名稱 | 股票代號 | 買進 | | 賣出 | | 盈虧 |
|---|---|---|---|---|---|---|
| | | 時間 | 股價 | 時間 | 股價 | |
| | | | | | | |
| | | | | | | |
| | | | | | | |
| | | | | | | |

## 基金買賣紀錄

| 基金名稱 | 買進 | | 賣出 | | 盈虧 |
|---|---|---|---|---|---|
| | 時間 | 股價 | 時間 | 股價 | |
| | | | | | |
| | | | | | |
| | | | | | |
| | | | | | |

## 儲蓄紀錄

| 日期 | 行庫名稱 | 戶名 | 存提金額 | 累計金額 |
|---|---|---|---|---|
| | | | | |
| | | | | |
| | | | | |
| | | | | |

## 保險紀錄

| 被保險人 | 保險名稱種類 | 期付金額 | 繳款方式 | 業務員聯絡方 |
|---|---|---|---|---|
| | | | | |
| | | | | |
| | | | | |

NOTE......

景氣低迷，
省錢、理債才是當務之急！

# 不管景氣好壞，
# 理債養財最重要！

相信大家都聽過，「你不理財，財不理你。」
不過有一句話更有震撼力，那就是——
「你不理債，債會追你。」

有些人一屁股的債務都還沒清償，就一天到晚想著投資，想要等投資大賺一筆之後，再把債務還清，這樣的想法真是大錯特錯。你知道現在要找個報酬率確保8%以上的投資工具，比在路上撿到錢的機率還低，現金卡信用卡，動輒年利率15%起跳，就算小額信貸，也有6~7%，辛辛苦苦賺來的錢，可都進了銀行的口袋。景氣一片大好時，理財貴於顯學，有錢不拿去投資會被罵笨蛋，但近來景氣處於低檔，投資虧錢的大有人在，總之，省錢、理債才是當務之急。

## 理債 step by step

### 步驟1：計算負債比

首先靜下心來，先確實地記帳，算出每個月固定支出

首先，請先靜下心來確實記帳，算出每個月固定支出的費用，包括生活基本開銷、卡費及各項貸款等，然後算出個人負債比，例如A君月收入40,000元，每個月要繳的費用加上生活費約20,000元，目前的投資約有100,000元（包括基金股票、銀行存款），凱忻的負債比則是14%〔20,000元÷（40,000＋100,000元）〕。一般建議個人負債比最好控制在15%以內，如果超過20%就要特別小心了，每月信用卡利息或是貸款繳交金額，最好不要超過可支配所得的1／3。

## 步驟2：排定還款順序

如果是跟父母或子女借錢，那可能還比較好說話，但如果你是欠了銀行或政府的錢，耍賴不還可是會被追到天涯海角，走到哪裡都有不良記錄留下喔！直到《債清法》通過後，銀行開始軟化對債務人的態度，如果同時欠稅與銀行欠款，就應先還欠稅，然後再與銀行商討如何還款。

## 步驟3：準備急用基金

千萬不要以為只有記在帳本的債務才需要償債，面對漫長的人生，有些狀況可是說來就來，不會先請你準備好資金，再迎接它的到來。民眾自身生活狀態，也是需要付出的債，像是突然的生病住院便是一例。這些突如其來的生病住院，退休後的養老預備金等等，都是「可預見債務風險」。這些不確定因素全都需要在年輕時的償債之餘，同時預備足夠的資金，以便為往後的美好人生作準備。

### 人生不同階段的理債策略

| 投資階段 | 社會新鮮人 | 新婚族 | 中年夾心族 |
|---|---|---|---|
| 舉債風險 | 收入少、舉債額度少、易信用透支 | 房貸、車貸支出增加，不易累積資產 | 上下兩代生活開銷大，還得準備退休金 |
| 如何減債 | 記帳、控制開支 | 善用理債工具 | 降低付債比率 |
| 理財屬性 | 追求財富迅速累積 | 具備風險意識 | 保本與報酬率並重 |
| 投資策略 | 養成投資習慣 | 加速累積第一桶金 | 建立完善資產配置 |

## 別讓銀行白白賺走你的利息

隨著工作轉換和搬家，前前後後不知道已經在多少家銀行開戶了，每離開一家公司，不是覺得原有的戶頭以後還有可能用的到，不然就是懶得處理（因為裡面也沒剩多少錢），沒想到現在部份銀行已經準備對存款沒到門檻的靜止戶（一年以上沒有動用）收取費用，可能你的戶頭裡就剩下一、兩百元，卻要被收取好幾倍的保管費！

不要以為你戶頭裡的存款有達到門檻，不會被收手續費就不去理會它，以為擺在那裡還可繼續利滾利；其實一旦被銀行列入靜止戶，那你可是一毛錢利息也賺不到喔。以中華郵政為例，超過五年沒有動用的戶頭約有四百多萬戶，以一年期定存2.6%計算，中華郵政可以省下20,000,000元。

所以，前些日子我趕緊利用休假，一一結清好久不曾動用的七、八個銀行帳戶，每個戶頭內不過區區千把塊錢，沒想到湊一湊卻有上萬元，不但可以支付這個月的伙食費，不但可以支付這個月的保險費，剩下的錢還可以吃好幾頓大餐，真像是天上掉下來的禮物！趕快整理一下你的戶頭吧，千萬別讓銀行白白賺你的錢。

## 個人＿＿＿月收入紀錄表

| 項目 | 內容 | 金額 |
|---|---|---|
| 薪資收入 稅前 | | |
| 兼職收入 | | |
| 其他 | | |
| 淨收入總計 稅後 | | |

## 個人＿＿＿月固定支出

| 項目 | 內容 | 金額 |
|---|---|---|
| 房租 | | |
| 水費 | | |
| 電費 | | |
| 瓦斯 | | |
| 室內電話費 網路 | | |
| 手機 | | |
| 其他 | | |
| | | |
| 固定支出總計 | | |

## 個人＿＿＿月生活費

| 項目 | 內容／預算 | 實際開銷 |
|---|---|---|
| 飲食 | | |
| 服裝 | | |
| 交通 | | |
| 娛樂 | | |
| 教育 | | |
| 刷卡 | | |
| 保險費 | | |
| 投資 | | |
| 稅負 | | |
| 其他 | | |
| | | |
| 支出總計 | | |

## 個人＿＿＿月收支結算

| 收入合計 | |
|---|---|
| 支出合計 | |
| 收支結算 | |

| Monday | Tuesday | Wednesday | Thursday |
| --- | --- | --- | --- |
|  |  |  |  |
|  |  |  |  |
|  |  |  |  |
|  |  |  |  |

| Friday | Saturday | Sunday | Weekly Plan |
|--------|----------|--------|-------------|
|        |          |        |             |
|        |          |        |             |
|        |          |        |             |
|        |          |        |             |

# 每日個人記帳表

| 項目／星期 | | Monday | Tuesday | Wednesday | Thursd |
|---|---|---|---|---|---|
| 伙食 | 早餐 | | | | |
| | 中餐 | | | | |
| | 晚餐 | | | | |
| | 點心／宵夜 | | | | |
| 置裝 | 衣服 | | | | |
| | 鞋子 | | | | |
| | 配件 | | | | |
| | 其他 | | | | |
| 交通 | 大眾交通工具 | | | | |
| | 計程車 | | | | |
| | 汽機車油費 | | | | |
| | 汽機車保養 | | | | |
| | 其他 | | | | |
| 教育 | 成人課程學習 | | | | |
| | 子女學費 | | | | |
| | 文具費用 | | | | |
| | 其他 | | | | |
| 休閒娛樂 | | | | | |
| 交際費 | | | | | |
| 美妝保養 | | | | | |
| 雜項 | | | | | |
| 支出小計 | | | | | |

| Friday | Saturday | Sunday | Memo |
|---|---|---|---|
| | | | 伙食費小計 |
| | | | 置裝費小計 |
| | | | 交通費小計 |
| | | | 教育費小計 |
| | | | 休閒娛樂費小計 |
| | | | 交際費小計 |
| | | | 美妝費小計 |
| | | | 其他小計 |
| | | | 週支出合計 |

## 每日個人記帳表

| 項目／星期 | | Monday | Tuesday | Wednesday | Thursd |
|---|---|---|---|---|---|
| 伙食 | 早餐 | | | | |
| | 中餐 | | | | |
| | 晚餐 | | | | |
| | 點心／宵夜 | | | | |
| 置裝 | 衣服 | | | | |
| | 鞋子 | | | | |
| | 配件 | | | | |
| | 其他 | | | | |
| 交通 | 大眾交通工具 | | | | |
| | 計程車 | | | | |
| | 汽機車油費 | | | | |
| | 汽機車保養 | | | | |
| | 其他 | | | | |
| 教育 | 成人課程學習 | | | | |
| | 子女學費 | | | | |
| | 文具費用 | | | | |
| | 其他 | | | | |
| 休閒娛樂 | | | | | |
| 交際費 | | | | | |
| 美妝保養 | | | | | |
| 雜項 | | | | | |
| 支出小計 | | | | | |

| Friday | Saturday | Sunday | Memo |
|--------|----------|--------|------|
| | | | 伙食費小計 |
| | | | 置裝費小計 |
| | | | 交通費小計 |
| | | | 教育費小計 |
| | | | 休閒娛樂費小計 |
| | | | 交際費小計 |
| | | | 美妝費小計 |
| | | | 其他小計 |
| | | | 週支出合計 |

# 每日個人記帳表

| 項目／星期 | | Monday | Tuesday | Wednesday | Thursday |
|---|---|---|---|---|---|
| 伙食 | 早餐 | | | | |
| | 中餐 | | | | |
| | 晚餐 | | | | |
| | 點心／宵夜 | | | | |
| 置裝 | 衣服 | | | | |
| | 鞋子 | | | | |
| | 配件 | | | | |
| | 其他 | | | | |
| 交通 | 大眾交通工具 | | | | |
| | 計程車 | | | | |
| | 汽機車油費 | | | | |
| | 汽機車保養 | | | | |
| | 其他 | | | | |
| 教育 | 成人課程學習 | | | | |
| | 子女學費 | | | | |
| | 文具費用 | | | | |
| | 其他 | | | | |
| 休閒娛樂 | | | | | |
| 交際費 | | | | | |
| 美妝保養 | | | | | |
| 雜項 | | | | | |
| 支出小計 | | | | | |

| Friday | Saturday | Sunday | Memo |
|--------|----------|--------|------|
| | | | 伙食費小計 |
| | | | 置裝費小計 |
| | | | 交通費小計 |
| | | | 教育費小計 |
| | | | 休閒娛樂費小計 |
| | | | 交際費小計 |
| | | | 美妝費小計 |
| | | | 其他小計 |
| | | | 週支出合計 |

# 每日個人記帳表

| 項目／星期 | | Monday | Tuesday | Wednesday | Thursda |
|---|---|---|---|---|---|
| 伙食 | 早餐 | | | | |
| | 中餐 | | | | |
| | 晚餐 | | | | |
| | 點心／宵夜 | | | | |
| 置裝 | 衣服 | | | | |
| | 鞋子 | | | | |
| | 配件 | | | | |
| | 其他 | | | | |
| 交通 | 大眾交通工具 | | | | |
| | 計程車 | | | | |
| | 汽機車油費 | | | | |
| | 汽機車保養 | | | | |
| | 其他 | | | | |
| 教育 | 成人課程學習 | | | | |
| | 子女學費 | | | | |
| | 文具費用 | | | | |
| | 其他 | | | | |
| 休閒娛樂 | | | | | |
| 交際費 | | | | | |
| 美妝保養 | | | | | |
| 雜項 | | | | | |
| 支出小計 | | | | | |

| Friday | Saturday | Sunday | Memo |
| --- | --- | --- | --- |
| | | | 伙食費小計 |
| | | | 置裝費小計 |
| | | | 交通費小計 |
| | | | 教育費小計 |
| | | | 休閒娛樂費小計 |
| | | | 交際費小計 |
| | | | 美妝費小計 |
| | | | 其他小計 |
| | | | 週支出合計 |

# 月投資記錄表

## 股票買賣紀錄

| 股票名稱 | 股票代號 | 買進 | | 賣出 | | 盈虧 |
|---|---|---|---|---|---|---|
| | | 時間 | 股價 | 時間 | 股價 | |
| | | | | | | |
| | | | | | | |
| | | | | | | |
| | | | | | | |

## 基金買賣紀錄

| 基金名稱 | 買進 | | 賣出 | | 盈虧 |
|---|---|---|---|---|---|
| | 時間 | 股價 | 時間 | 股價 | |
| | | | | | |
| | | | | | |
| | | | | | |
| | | | | | |

## 儲蓄紀錄

| 日期 | 行庫名稱 | 戶名 | 存提金額 | 累計金額 |
|---|---|---|---|---|
| | | | | |
| | | | | |
| | | | | |
| | | | | |

## 保險紀錄

| 被保險人 | 保險名稱種類 | 期付金額 | 繳款方式 | 業務員聯絡方式 |
|---|---|---|---|---|
| | | | | |
| | | | | |
| | | | | |

# 資產負債表

| 資　產 | | | 負　債 | | |
|---|---|---|---|---|---|
| 項　目 | 金　額 | | 項　目 | 金　額 | |
| 流動資產 | 現　　金 | | 流動負債 | 信 用 貸 款 | |
| | 活 期 存 款 | | | 消 費 性 貸 款 | |
| | 短 線 股 票 | | | 現金(信用)卡債 | |
| | 外　　幣 | | | 購 物 分 期 付 款 | |
| | 保　　單 | | | 親 友 借 貸 | |
| | 其　　他 | | | 其　　他 | |
| 固定資產 | 黃 金 珠 寶 | | 長期負債 | 互助會(死會) | |
| | 長線績優股 | | | 房　　貸 | |
| | 基　　金 | | | 房 貸 二 胎 | |
| | 定 期 存 款 | | | 汽 車 貸 款 | |
| | 外 幣 定 存 | | | 就 學 貸 款 | |
| | 房 地 產 | | 負債總計(B) | | |
| | 其　　他 | | 總資產(A)-總負債(B)= 淨值 | | |
| 資產總計(A) | | | | | |

資產現況：

負債現況：

改進方案：

改進方案：

借貸是一門學問，
借與不借其實都兩難……

# 急需用錢，安全借貸報你知！

世上有兩難，
一是「把我腦袋的想法，灌到你的腦袋裡」，
二是「把你口袋裡的錢，放到我的口袋裡。

朋友小江家裡突然出了點事，平時沒有儲蓄習慣的他，這下子可真是慌了手腳，被債務逼得走投無路的他，竟然動念想去跟地下錢莊借錢…！去年金融風暴以來，許多人的資產大縮水，一時周轉不過來的大有人在，曾經聽過某個前輩說過：「世上有兩難，一是『把我腦袋的想法，灌到你的腦袋裡』，二是「把你口袋裡的錢，放到我的口袋裡』。」

說真的，借錢真不是容易的事，不管是借錢的一方或是出借的那方，尤其面對親友來借貸，借與不借都兩難，錢出借前你是老大，但向別人要債時，換成是他說了算。所以，要怎麼借得到錢，還要借得不吃虧，真的是一門學問。當然，非萬不得已，誰也不想舉債度日，但真是遇到突如其來的需求，我們也只能巴望——借到錢，也借到安全。

# 哪種錢借不得？

如果有親友可以借貸，當然是優先考慮的第一順位，但萬一親友不願借你，或是你的記錄不良，前債尚未還清，後債不方便再借，以下這幾種錢，你也千萬借不得。

## 1. 地下錢莊，吃人不吐骨頭：

地下錢莊動不動就開出30分甚至60分的高利，如果不小心向地下錢莊借了錢，恐怕只有陷入萬劫不復的地獄。朋友小江差點向一個放款月利率45分的高利貸借錢，還好在我們一干朋友的勸阻下，打消了念頭。利息這麼高，借200,000元，三個月連本帶利須償還將近500,000元，幾乎是上班族一年薪資，所以這種錢就算是再有急用，也是千萬不能借。

## 2. 現金卡是地上錢莊：

現金卡是地上錢莊，利率也高得嚇人，假設借款的年利率是15%，借200,000元，一個月的光利息錢就要2,500元，這還不包括提領手續費哩。

## 3. 信用卡預借現金，千萬要不得：

計算信用卡預借現金時，不要被表面上的費率騙了，利息大約是借款金額的2.5～3.5%，預借10,000元，45天的利息要2.5～3.5%，若換算為年息至少20%，如果再加上動用手續費100元，平均年息算下來還比現金卡高呢！

## 需錢孔急，該向誰求援？

到處求親訪友都借不到，地下錢莊又不能借，真的需要用錢怎麼辦？我有一個表姊，前兩年開了一家小店，常常聽她說要去週轉現金，但她從來沒有跟我們這些親友開過口，有一天我好奇的問她，她說她從沒跟任何一位親友借過錢，因為她有四個可靠的金主。我聽了嚇一跳，表姊該不會讓別人包養了吧？她笑笑告訴我，她的金主分別是房貸餘額、保單質借、公營當舖和現金卡。

表姊會視狀況，輪流運用這四個金主，她告訴我，如果資金缺口稍大，而且需要比較長的時間才能還錢的話，最好的方法就是將房貸餘額轉貸出來。萬一房貸餘額已經用完，她就會考慮保單質借。保單質借一般約可借到保單價值準備金的8成，有些保險公司甚至當天就能撥款，也不需要支付任何手續費，隨時還款都ok。

其中，我對公營當舖質借最好奇，我從來沒有聽過當舖還有公家的咧。表姊說，一般人確實對公營當舖比較陌生，以台北市居民為例：

- **只要附上薪資證明，就可以向台北市政府設立的公辦民營「台北市動產質借處」，申請短期（六個月內）小額資金需求。**
- **但是如果你沒有薪資條，還可以用動產（車輛、珠寶、電子產品等）作為擔保，申請融資。**利息計算方式為借款金額×月×0.7％，以借款10萬元來說，借6個月週轉，利錢大約是4,200元（100,000元×6個月×0.7月息），利息在取贖時才收款，而且不用付任何手續費喔！這可比一般當舖動輒10,000元借一個月，利錢就要200～450元，划算多了。

至於表姊的第四個金主——現金卡，則是她在情非得已時的最後選擇，現金卡借貸每次收取100元手續費，借幾天付幾天利息（月利率約15％）。

聽完了表姊的解釋，真的不得不佩服她的精打細算，不過，政府每年年底的勞工紓困貸款，也是籌措資金很好的管道，目前的利率大約是1.92％左右，相當的優惠，有急需用錢的勞工，千萬不要錯過這項福利喔！

# 我的 ____ 月收支計劃

## 個人 ____ 月收入紀錄表

| 項目 | 內容 | 金額 |
|---|---|---|
| 薪資收入 税前 | | |
| 兼職收入 | | |
| 其他 | | |
| 淨收入總計 税後 | | |

## 個人 ____ 月固定支出

| 項目 | 內容 | 金額 |
|---|---|---|
| 房租 | | |
| 水費 | | |
| 電費 | | |
| 瓦斯 | | |
| 室內電話費 網路 | | |
| 手機 | | |
| 其他 | | |
| | | |
| 固定支出總計 | | |

## 個人 ____ 月生活費

| 項目 | 內容／預算 | 實際開銷 |
|---|---|---|
| 飲食 | | |
| 服裝 | | |
| 交通 | | |
| 娛樂 | | |
| 教育 | | |
| 刷卡 | | |
| 保險費 | | |
| 投資 | | |
| 稅負 | | |
| 其他 | | |
| | | |
| 支出總計 | | |

## 個人 ____ 月收支結算

| 收入合計 | |
|---|---|
| 支出合計 | |
| 收支結算 | |

| Monday | Tuesday | Wednesday | Thursday |
|--------|---------|-----------|----------|
|        |         |           |          |
|        |         |           |          |
|        |         |           |          |
|        |         |           |          |

| Friday | Saturday | Sunday | Weekly Plan |
|--------|----------|--------|-------------|
|        |          |        |             |
|        |          |        |             |
|        |          |        |             |
|        |          |        |             |

# 每日個人記帳表

| 項目／星期 | | Monday | Tuesday | Wednesday | Thursda |
|---|---|---|---|---|---|
| 伙食 | 早餐 | | | | |
| | 中餐 | | | | |
| | 晚餐 | | | | |
| | 點心／宵夜 | | | | |
| 置裝 | 衣服 | | | | |
| | 鞋子 | | | | |
| | 配件 | | | | |
| | 其他 | | | | |
| 交通 | 大眾交通工具 | | | | |
| | 計程車 | | | | |
| | 汽機車油費 | | | | |
| | 汽機車保養 | | | | |
| | 其他 | | | | |
| 教育 | 成人課程學習 | | | | |
| | 子女學費 | | | | |
| | 文具費用 | | | | |
| | 其他 | | | | |
| 休閒娛樂 | | | | | |
| 交際費 | | | | | |
| 美妝保養 | | | | | |
| 雜項 | | | | | |
| 支出小計 | | | | | |

| Friday | Saturday | Sunday | Memo |
|--------|----------|--------|------|
| | | | 伙食費小計 |
| | | | 置裝費小計 |
| | | | 交通費小計 |
| | | | 教育費小計 |
| | | | 休閒娛樂費小計 |
| | | | 交際費小計 |
| | | | 美妝費小計 |
| | | | 其他小計 |
| | | | 週支出合計 |

# 每日個人記帳表

| 項目／星期 | | Monday | Tuesday | Wednesday | Thursday |
|---|---|---|---|---|---|
| 伙食 | 早餐 | | | | |
| | 中餐 | | | | |
| | 晚餐 | | | | |
| | 點心／宵夜 | | | | |
| 置裝 | 衣服 | | | | |
| | 鞋子 | | | | |
| | 配件 | | | | |
| | 其他 | | | | |
| 交通 | 大眾交通工具 | | | | |
| | 計程車 | | | | |
| | 汽機車油費 | | | | |
| | 汽機車保養 | | | | |
| | 其他 | | | | |
| 教育 | 成人課程學習 | | | | |
| | 子女學費 | | | | |
| | 文具費用 | | | | |
| | 其他 | | | | |
| 休閒娛樂 | | | | | |
| 交際費 | | | | | |
| 美妝保養 | | | | | |
| 雜項 | | | | | |
| 支出小計 | | | | | |

| Friday | Saturday | Sunday | Memo |
|---|---|---|---|
| | | | 伙食費小計 |
| | | | 置裝費小計 |
| | | | 交通費小計 |
| | | | 教育費小計 |
| | | | 休閒娛樂費小計 |
| | | | 交際費小計 |
| | | | 美妝費小計 |
| | | | 其他小計 |
| | | | 週支出合計 |

# 每日個人記帳表

| 項目／星期 | Monday | Tuesday | Wednesday | Thursd |
|---|---|---|---|---|
| 伙食 早餐 | | | | |
| 中餐 | | | | |
| 晚餐 | | | | |
| 點心／宵夜 | | | | |
| 置裝 衣服 | | | | |
| 鞋子 | | | | |
| 配件 | | | | |
| 其他 | | | | |
| 交通 大眾交通工具 | | | | |
| 計程車 | | | | |
| 汽機車油費 | | | | |
| 汽機車保養 | | | | |
| 其他 | | | | |
| 教育 成人課程學習 | | | | |
| 子女學費 | | | | |
| 文具費用 | | | | |
| 其他 | | | | |
| 休閒娛樂 | | | | |
| 交際費 | | | | |
| 美妝保養 | | | | |
| 雜項 | | | | |
| 支出小計 | | | | |

| Friday | Saturday | Sunday | Memo |
|--------|----------|--------|------|
| | | | 伙食費小計 |
| | | | 置裝費小計 |
| | | | 交通費小計 |
| | | | 教育費小計 |
| | | | 休閒娛樂費小計 |
| | | | 交際費小計 |
| | | | 美妝費小計 |
| | | | 其他小計 |
| | | | 週支出合計 |

## 每日個人記帳表

| 項目／星期 | | Monday | Tuesday | Wednesday | Thursd |
|---|---|---|---|---|---|
| 伙食 | 早餐 | | | | |
| | 中餐 | | | | |
| | 晚餐 | | | | |
| | 點心／宵夜 | | | | |
| 置裝 | 衣服 | | | | |
| | 鞋子 | | | | |
| | 配件 | | | | |
| | 其他 | | | | |
| 交通 | 大眾交通工具 | | | | |
| | 計程車 | | | | |
| | 汽機車油費 | | | | |
| | 汽機車保養 | | | | |
| | 其他 | | | | |
| 教育 | 成人課程學習 | | | | |
| | 子女學費 | | | | |
| | 文具費用 | | | | |
| | 其他 | | | | |
| 休閒娛樂 | | | | | |
| 交際費 | | | | | |
| 美妝保養 | | | | | |
| 雜項 | | | | | |
| 支出小計 | | | | | |

| Friday | Saturday | Sunday | Memo |
|--------|----------|--------|------|
|        |          |        | 伙食費小計 |
|        |          |        | 置裝費小計 |
|        |          |        | 交通費小計 |
|        |          |        | 教育費小計 |
|        |          |        | 休閒娛樂費小計 |
|        |          |        | 交際費小計 |
|        |          |        | 美妝費小計 |
|        |          |        | 其他小計 |
|        |          |        | 週支出合計 |

# 月投資記錄表

## 股票買賣紀錄

| 股票名稱 | 股票代號 | 買進 | | 賣出 | | 盈虧 |
| --- | --- | --- | --- | --- | --- | --- |
| | | 時間 | 股價 | 時間 | 股價 | |
| | | | | | | |
| | | | | | | |
| | | | | | | |
| | | | | | | |
| | | | | | | |

## 基金買賣紀錄

| 基金名稱 | 買進 | | 賣出 | | 盈虧 |
| --- | --- | --- | --- | --- | --- |
| | 時間 | 股價 | 時間 | 股價 | |
| | | | | | |
| | | | | | |
| | | | | | |
| | | | | | |
| | | | | | |

## 儲蓄紀錄

| 日期 | 行庫名稱 | 戶名 | 存提金額 | 累計金額 |
| --- | --- | --- | --- | --- |
| | | | | |
| | | | | |
| | | | | |
| | | | | |

## 保險紀錄

| 被保險人 | 保險名稱種類 | 期付金額 | 繳款方式 | 業務員聯絡方式 |
| --- | --- | --- | --- | --- |
| | | | | |
| | | | | |
| | | | | |

NOTE......

進入投資的國度，
其實不需要花大錢……

# 過度消費，為你退休生活埋下未爆彈

就連愛因斯坦也曾經說過：「複利的威力勝過原子彈。」
所以，理財確實是愈早開始愈好。

談到投資，很多人都會以沒有錢來當藉口，其實**投資有三項最**重的法寶，那就是**「時間、工具以及複利」**。或許你會好奇為什麼沒有資金在內，其實並不是資金不重要，而是相形之下，其他三者的威力更勝於金錢，就連愛因斯坦也曾經說過：「複利的威力勝於原子彈。」所以理財是愈早開始愈好。

今天聽到一個新聞，教育部和金管會達成共識，要開始對國中生展開理財教育，未來還將繼續向下延伸，編寫國小學生的課綱。已經連鬧了幾年的卡債風波，加上去年金融風暴惹出的連動債事件，讓我深深的覺得，擁有正確的理財觀念對下一代是多麼重要的事，這不只是為了教導孩子如何謀利，也要教導他們要擁有保護自我權益的知識與能力。

# 榨錢投資術

你喜歡午後來杯星巴克的拿鐵咖啡？但是你知道，每天少喝一杯咖啡，若以5%的複利計算，三十年後，這些錢將會累積成2,500,000元？生活負擔及壓力相對低的人，常常會不知不覺過度消費，用錢沒有計劃，看著別人從投資中獲利，只有乾瞪眼的份，等年紀漸漸大了，才發現原來自己根本沒有足夠的錢度過退休生活。

其實，進入投資的國度根本不需要花大錢，只要檢視自己的消費習慣，從日常生活中省下一點小錢，像是少喝一杯咖啡，上班自己帶便當，然後以定期定額的方式買進穩健發展的基金，你便有機會好好享受「複利」所將帶來的吸金力量。

## 把小錢變大錢

| 年報酬率 | 投資年 | 每月3,000元 | 每月5,000元 |
|---|---|---|---|
| 8% | 5年 | 220,661 | 367,768 |
| | 10年 | 550,065 | 916,774 |
| | 20年 | 1,775,871 | 2,959,785 |
| | 30年 | 4,507,552 | 7,512,587 |

## 時間＋複利＝獲利

　　我認識一個年輕的美眉，從小就立志當富婆，大學畢業後，找到一份30,000元薪水的工作。她住在家裡，帶媽媽的愛心便當去上班，書報雜誌看公司的就好，除了每天的交通費，偶爾買買衣服或化妝品，再扣掉每個月給媽媽的8,000元家用，還可以省下20,000元，加上獎金和年終，一年存個300,000元不是問題。

　　工作的第一年，就存了300,000元當第一桶金，她計劃往後每年只要再存200,000元，就算是把這些錢消極的放在銀行，以利率1%來，只要3.41年就可以存到1,000,000元，如果她投資再積極一點，只要找到報酬率5%標的，存到1,000,000元的時間就更快了。這個美眉大學畢業已經四年多了，她的許多同學截至目前為止不是「月光族」就是「薪光幫」，反觀她卻已是擁有百萬身家的小富婆。

　　如果你不像這位美眉，可以吃家裡、住家裡，省下較多的錢來做投資，那麼也別灰心，其實你只要把時間拉長，善用複利，一樣可以利用小錢變出大獲利。

## 我的　　月收支計劃

### 個人＿＿＿月收入紀錄表

| 項目 | 內容 | 金額 |
|---|---|---|
| 薪資收入 稅前 | | |
| 兼職收入 | | |
| 其他 | | |
| 淨收入總計 稅後 | | |

### 個人＿＿＿月固定支出

| 項目 | 內容 | 金額 |
|---|---|---|
| 房租 | | |
| 水費 | | |
| 電費 | | |
| 瓦斯 | | |
| 室內電話費 網路 | | |
| 手機 | | |
| 其他 | | |
| 固定支出總計 | | |

### 個人＿＿＿月生活費

| 項目 | 內容／預算 | 實際開銷 |
|---|---|---|
| 飲食 | | |
| 服裝 | | |
| 交通 | | |
| 娛樂 | | |
| 教育 | | |
| 刷卡 | | |
| 保險費 | | |
| 投資 | | |
| 稅負 | | |
| 其他 | | |
| 支出總計 | | |

### 個人＿＿＿月收支結算

| 收入合計 | |
|---|---|
| 支出合計 | |
| 收支結算 | |

| Monday | Tuesday | Wednesday | Thursday |
| --- | --- | --- | --- |
| | | | |
| | | | |
| | | | |
| | | | |

| Friday | Saturday | Sunday | Weekly Plan |
|--------|----------|--------|-------------|
|        |          |        |             |
|        |          |        |             |
|        |          |        |             |
|        |          |        |             |

# 每日個人記帳表

| 項目／星期 | | Monday | Tuesday | Wednesday | Thursd |
|---|---|---|---|---|---|
| 伙食 | 早餐 | | | | |
| | 中餐 | | | | |
| | 晚餐 | | | | |
| | 點心／宵夜 | | | | |
| 置裝 | 衣服 | | | | |
| | 鞋子 | | | | |
| | 配件 | | | | |
| | 其他 | | | | |
| 交通 | 大眾交通工具 | | | | |
| | 計程車 | | | | |
| | 汽機車油費 | | | | |
| | 汽機車保養 | | | | |
| | 其他 | | | | |
| 教育 | 成人課程學習 | | | | |
| | 子女學費 | | | | |
| | 文具費用 | | | | |
| | 其他 | | | | |
| 休閒娛樂 | | | | | |
| 交際費 | | | | | |
| 美妝保養 | | | | | |
| 雜項 | | | | | |
| 支出小計 | | | | | |

| Friday | Saturday | Sunday | Memo |
|--------|----------|--------|------|
| | | | 伙食費小計 |
| | | | 置裝費小計 |
| | | | 交通費小計 |
| | | | 教育費小計 |
| | | | 休閒娛樂費小計 |
| | | | 交際費小計 |
| | | | 美妝費小計 |
| | | | 其他小計 |
| | | | 週支出合計 |

# 每日個人記帳表

| 項目／星期 | | Monday | Tuesday | Wednesday | Thursday |
|---|---|---|---|---|---|
| 伙食 | 早餐 | | | | |
| | 中餐 | | | | |
| | 晚餐 | | | | |
| | 點心／宵夜 | | | | |
| 置裝 | 衣服 | | | | |
| | 鞋子 | | | | |
| | 配件 | | | | |
| | 其他 | | | | |
| 交通 | 大眾交通工具 | | | | |
| | 計程車 | | | | |
| | 汽機車油費 | | | | |
| | 汽機車保養 | | | | |
| | 其他 | | | | |
| 教育 | 成人課程學習 | | | | |
| | 子女學費 | | | | |
| | 文具費用 | | | | |
| | 其他 | | | | |
| 休閒娛樂 | | | | | |
| 交際費 | | | | | |
| 美妝保養 | | | | | |
| 雜項 | | | | | |
| 支出小計 | | | | | |

| Friday | Saturday | Sunday | Memo |
|--------|----------|--------|------|
| | | | 伙食費小計 |
| | | | 置裝費小計 |
| | | | 交通費小計 |
| | | | 教育費小計 |
| | | | 休閒娛樂費小計 |
| | | | 交際費小計 |
| | | | 美妝費小計 |
| | | | 其他小計 |
| | | | 週支出合計 |

# 每日個人記帳表

| 項目／星期 | | Monday | Tuesday | Wednesday | Thursda |
|---|---|---|---|---|---|
| 伙食 | 早餐 | | | | |
| | 中餐 | | | | |
| | 晚餐 | | | | |
| | 點心／宵夜 | | | | |
| 置裝 | 衣服 | | | | |
| | 鞋子 | | | | |
| | 配件 | | | | |
| | 其他 | | | | |
| 交通 | 大眾交通工具 | | | | |
| | 計程車 | | | | |
| | 汽機車油費 | | | | |
| | 汽機車保養 | | | | |
| | 其他 | | | | |
| 教育 | 成人課程學習 | | | | |
| | 子女學費 | | | | |
| | 文具費用 | | | | |
| | 其他 | | | | |
| 休閒娛樂 | | | | | |
| 交際費 | | | | | |
| 美妝保養 | | | | | |
| 雜項 | | | | | |
| 支出小計 | | | | | |

伙食費小計

置裝費小計

交通費小計

教育費小計

休閒娛樂費小計

交際費小計

美妝費小計

其他小計

週支出合計

# 每日個人記帳表

| 項目／星期 | | Monday | Tuesday | Wednesday | Thursd |
|---|---|---|---|---|---|
| 伙食 | 早餐 | | | | |
| | 中餐 | | | | |
| | 晚餐 | | | | |
| | 點心／宵夜 | | | | |
| 置裝 | 衣服 | | | | |
| | 鞋子 | | | | |
| | 配件 | | | | |
| | 其他 | | | | |
| 交通 | 大眾交通工具 | | | | |
| | 計程車 | | | | |
| | 汽機車油費 | | | | |
| | 汽機車保養 | | | | |
| | 其他 | | | | |
| 教育 | 成人課程學習 | | | | |
| | 子女學費 | | | | |
| | 文具費用 | | | | |
| | 其他 | | | | |
| 休閒娛樂 | | | | | |
| 交際費 | | | | | |
| 美妝保養 | | | | | |
| 雜項 | | | | | |
| 支出小計 | | | | | |

| Friday | Saturday | Sunday | Memo |
|---|---|---|---|
| | | | 伙食費小計 |
| | | | 置裝費小計 |
| | | | 交通費小計 |
| | | | 教育費小計 |
| | | | 休閒娛樂費小計 |
| | | | 交際費小計 |
| | | | 美妝費小計 |
| | | | 其他小計 |
| | | | 週支出合計 |

# 月投資記錄表

## 股票買賣紀錄

| 股票名稱 | 股票代號 | 買進 | | 賣出 | | 盈虧 |
|---|---|---|---|---|---|---|
| | | 時間 | 股價 | 時間 | 股價 | |
| | | | | | | |
| | | | | | | |
| | | | | | | |
| | | | | | | |

## 基金買賣紀錄

| 基金名稱 | 買進 | | 賣出 | | 盈虧 |
|---|---|---|---|---|---|
| | 時間 | 股價 | 時間 | 股價 | |
| | | | | | |
| | | | | | |
| | | | | | |
| | | | | | |

## 儲蓄紀錄

| 日期 | 行庫名稱 | 戶名 | 存提金額 | 累計金額 |
|---|---|---|---|---|
| | | | | |
| | | | | |
| | | | | |
| | | | | |

## 保險紀錄

| 被保險人 | 保險名稱種類 | 期付金額 | 繳款方式 | 業務員聯絡方式 |
|---|---|---|---|---|
| | | | | |
| | | | | |
| | | | | |

NOTE......

不想老來為錢所苦，
記得就從這一秒開始準備。

# 不愁吃穿的老年生活
# 如何預備？

最理想的養老金規劃，
要以退休前原有月薪的七成當做所得替代；
也就是退休後，每月花費至少要有現在月薪的七成水準。

省省省，不斷地省，省錢為的是哪樁，為的是現在的生活品質，為的是接下來養家養兒的花費準備…，其實，努力的賺錢省錢，更是為了在年老沒有工作能力之時，可以不用為錢煩惱，安安穩穩地頤養天年。到老時才潦倒，真是天下最悲慘的事，不要說我杞人憂天，你仔細想想，等你髮禿齒危、年老體衰之時，哪有精神跟能力去跟生活搏鬥？不想老來為錢所苦，只有從現在這一秒鐘開始準備。

如果你不是含著金湯匙出生的少爺小姐，成年後爸媽就幫你準備好了房子、車子，外加幾千萬的存款，那你最好現在拿出計算機，看看到底要準備多少錢，才能有著不愁吃穿的老年生活？

# 老來富，不求人

　　自從2008年勞保年金新制與國民年金制度陸續上路後，台灣已經正式進入了「全民有保障」的時代，從此，年老的退休族群生活將更加有品質。現在退休金來源變為三種，一是勞保年金或國民年金，二是企業（個人）提撥的勞工退休金，不過這些都只能滿足退休後生活的基本所需，如果想要過著較為優渥的日子，三不五時可以吃吃大餐、出國走走，還是得靠第三個部份──個人退休理財計畫來達成。

　　一般來說，最理想的養老金規劃，要以退休前原有月薪的七成當做所得替代，也就是退休後，每月花費至少要有現在月薪的七成水準。舉例來說，子強今年三十五歲，目前在一家保險公司當企劃課長，月薪約為70,000元，如果他計劃六十五歲退休，以國人平均壽命八十二歲來看，他在退休後還有將近二十年的日子要過，每月最好要有50,000元可運用，算一算，最好要有15,000,000元以上的存款。

　　每個月的花費不小，要養車、養房、養孩子，要怎麼樣存下15,000,000元？不要把15,000,000元想成一個天文數字，只要你選擇適合的理財工具，經由複利的力量，愈早開始準備，老來富，絕對不是夢想，反之，愈晚覺悟，想要安穩養老的風險就愈大。

## 準備養老，愈早愈好　　　　註：以下數字以年報酬率6%，複利計算而來。

| 年紀 | 距離退休（年） | 每月提撥金額 |
|------|------|------|
| 30歲 | 30年 | 4,841元 |
| 35歲 | 25年 | 6,976元 |
| 40歲 | 20年 | 10,404元 |
| 45歲 | 15年 | 16,443元 |
| 50歲 | 10年 | 34,845元 |

# 勞保年金vs.國民年金

勞保年金與國民年金已經推行一年多了，但可惜的是依舊有許多人還是霧煞煞，就像前一陣子有位鄰居問我，他因為非自願性失業，但仍在勞保局自行投保，投保薪資約23,000元，年資已有二十三年，現在他應該繼續投勞保，還是要改保國民年金？

其實在一般狀況下，如果年資滿十五年被裁員、育嬰假留職停薪或是因職災而離職的勞工，都可以繼續投勞保，一旦退出勞保，才需加保國民年金。雖然繼續投保勞保，需自付八成保費，比國民年金的674元高出許多，但勞保的投保金額計算和所得替代率都優於國保，眼前要繳較高的保費，但未來可領的勞保年金會比國民年金多。所以，每個人還是要視個人不同的狀況，決定要不要投保國民年金。

## 勞保年金、國民年金，哪個比較好？

| | 勞保老年年金、老年一次金（二選一） | 國民年金 |
|---|---|---|
| 請領條件 | ・年滿60歲，且勞保年資滿15年者，年資未滿15年或未滿60歲，只能選擇一次金。<br>・擔任具有危險或需要大量體力等特殊性質工作，合計滿15年者。 | 年滿65歲之中華民國國民。 |
| 年資計算 | 無上限，做多久算多久 | 合計繳納保險費期間，未滿1年的話，依實際繳交月數按比例計算。 |
| 給付金額 | A式：平均月投保薪資×年資×0.775%＋3000元<br>B式：平均月投保薪資×年資×1.55%（AB取最大值） | A式：月投保金額×保險年資×0.65%＋3000元<br>B式：月投保金額×保險年資×1.3%（AB取最大值） |
| 給付方式 | 工作年資≧15：可請領老年年金或一次金<br>工作年資≦15：只能請領一次金 | 月領 |

## 我的____月收支計劃

### 個人____月收入紀錄表

| 項目 | 內容 | 金額 |
|---|---|---|
| 薪資收入 稅前 | | |
| 兼職收入 | | |
| 其他 | | |
| 淨收入總計 稅後 | | |

### 個人____月固定支出

| 項目 | 內容 | 金額 |
|---|---|---|
| 房租 | | |
| 水費 | | |
| 電費 | | |
| 瓦斯 | | |
| 室內電話費 網路 | | |
| 手機 | | |
| 其他 | | |
| | | |
| 固定支出總計 | | |

### 個人____月生活費

| 項目 | 內容／預算 | 實際開銷 |
|---|---|---|
| 飲食 | | |
| 服裝 | | |
| 交通 | | |
| 娛樂 | | |
| 教育 | | |
| 刷卡 | | |
| 保險費 | | |
| 投資 | | |
| 稅負 | | |
| 其他 | | |
| | | |
| 支出總計 | | |

### 個人____月收支結算

| 收入合計 | |
|---|---|
| 支出合計 | |
| 收支結算 | |

| Monday | Tuesday | Wednesday | Thursday |
| --- | --- | --- | --- |
|  |  |  |  |
|  |  |  |  |
|  |  |  |  |
|  |  |  |  |

| Friday | Saturday | Sunday | Weekly Plan |
|--------|----------|--------|-------------|
|        |          |        |             |
|        |          |        |             |
|        |          |        |             |
|        |          |        |             |

# 每日個人記帳表

| 項目／星期 | | Monday | Tuesday | Wednesday | Thursday |
|---|---|---|---|---|---|
| 伙食 | 早餐 | | | | |
| | 中餐 | | | | |
| | 晚餐 | | | | |
| | 點心／宵夜 | | | | |
| 置裝 | 衣服 | | | | |
| | 鞋子 | | | | |
| | 配件 | | | | |
| | 其他 | | | | |
| 交通 | 大眾交通工具 | | | | |
| | 計程車 | | | | |
| | 汽機車油費 | | | | |
| | 汽機車保養 | | | | |
| | 其他 | | | | |
| 教育 | 成人課程學習 | | | | |
| | 子女學費 | | | | |
| | 文具費用 | | | | |
| | 其他 | | | | |
| 休閒娛樂 | | | | | |
| 交際費 | | | | | |
| 美妝保養 | | | | | |
| 雜項 | | | | | |
| 支出小計 | | | | | |

| Friday | Saturday | Sunday | Memo |
|--------|----------|--------|------|
| | | | 伙食費小計 |
| | | | 置裝費小計 |
| | | | 交通費小計 |
| | | | 教育費小計 |
| | | | 休閒娛樂費小計 |
| | | | 交際費小計 |
| | | | 美妝費小計 |
| | | | 其他小計 |
| | | | 週支出合計 |

# 每日個人記帳表

| 項目／星期 | | Monday | Tuesday | Wednesday | Thursday |
|---|---|---|---|---|---|
| 伙食 | 早餐 | | | | |
| | 中餐 | | | | |
| | 晚餐 | | | | |
| | 點心／宵夜 | | | | |
| 置裝 | 衣服 | | | | |
| | 鞋子 | | | | |
| | 配件 | | | | |
| | 其他 | | | | |
| 交通 | 大眾交通工具 | | | | |
| | 計程車 | | | | |
| | 汽機車油費 | | | | |
| | 汽機車保養 | | | | |
| | 其他 | | | | |
| 教育 | 成人課程學習 | | | | |
| | 子女學費 | | | | |
| | 文具費用 | | | | |
| | 其他 | | | | |
| 休閒娛樂 | | | | | |
| 交際費 | | | | | |
| 美妝保養 | | | | | |
| 雜項 | | | | | |
| 支出小計 | | | | | |

| Friday | Saturday | Sunday | Memo |
| --- | --- | --- | --- |
| | | | 伙食費小計 |
| | | | 置裝費小計 |
| | | | 交通費小計 |
| | | | 教育費小計 |
| | | | 休閒娛樂費小計 |
| | | | 交際費小計 |
| | | | 美妝費小計 |
| | | | 其他小計 |
| | | | 週支出合計 |

# 每日個人記帳表

| 項目／星期 | | Monday | Tuesday | Wednesday | Thursd |
|---|---|---|---|---|---|
| 伙食 | 早餐 | | | | |
| | 中餐 | | | | |
| | 晚餐 | | | | |
| | 點心／宵夜 | | | | |
| 置裝 | 衣服 | | | | |
| | 鞋子 | | | | |
| | 配件 | | | | |
| | 其他 | | | | |
| 交通 | 大眾交通工具 | | | | |
| | 計程車 | | | | |
| | 汽機車油費 | | | | |
| | 汽機車保養 | | | | |
| | 其他 | | | | |
| 教育 | 成人課程學習 | | | | |
| | 子女學費 | | | | |
| | 文具費用 | | | | |
| | 其他 | | | | |
| 休閒娛樂 | | | | | |
| 交際費 | | | | | |
| 美妝保養 | | | | | |
| 雜項 | | | | | |
| 支出小計 | | | | | |

| Friday | Saturday | Sunday | Memo |
|--------|----------|--------|------|
|        |          |        | 伙食費小計 |
|        |          |        | 置裝費小計 |
|        |          |        | 交通費小計 |
|        |          |        | 教育費小計 |
|        |          |        | 休閒娛樂費小計 |
|        |          |        | 交際費小計 |
|        |          |        | 美妝費小計 |
|        |          |        | 其他小計 |
|        |          |        | 週支出合計 |

## 每日個人記帳表

| 項目／星期 | | Monday | Tuesday | Wednesday | Thursd |
|---|---|---|---|---|---|
| 伙食 | 早餐 | | | | |
| | 中餐 | | | | |
| | 晚餐 | | | | |
| | 點心／宵夜 | | | | |
| 置裝 | 衣服 | | | | |
| | 鞋子 | | | | |
| | 配件 | | | | |
| | 其他 | | | | |
| 交通 | 大眾交通工具 | | | | |
| | 計程車 | | | | |
| | 汽機車油費 | | | | |
| | 汽機車保養 | | | | |
| | 其他 | | | | |
| 教育 | 成人課程學習 | | | | |
| | 子女學費 | | | | |
| | 文具費用 | | | | |
| | 其他 | | | | |
| 休閒娛樂 | | | | | |
| 交際費 | | | | | |
| 美妝保養 | | | | | |
| 雜項 | | | | | |
| 支出小計 | | | | | |

| Friday | Saturday | Sunday | Memo |
|--------|----------|--------|------|
| | | | 伙食費小計 |
| | | | 置裝費小計 |
| | | | 交通費小計 |
| | | | 教育費小計 |
| | | | 休閒娛樂費小計 |
| | | | 交際費小計 |
| | | | 美妝費小計 |
| | | | 其他小計 |
| | | | 週支出合計 |

# 月投資記錄表

## 股票買賣紀錄

| 股票名稱 | 股票代號 | 買進 | | 賣出 | | 盈虧 |
|---|---|---|---|---|---|---|
| | | 時間 | 股價 | 時間 | 股價 | |
| | | | | | | |
| | | | | | | |
| | | | | | | |
| | | | | | | |

## 基金買賣紀錄

| 基金名稱 | 買進 | | 賣出 | | 盈虧 |
|---|---|---|---|---|---|
| | 時間 | 股價 | 時間 | 股價 | |
| | | | | | |
| | | | | | |
| | | | | | |
| | | | | | |

## 儲蓄紀錄

| 日期 | 行庫名稱 | 戶名 | 存提金額 | 累計金額 |
|---|---|---|---|---|
| | | | | |
| | | | | |
| | | | | |
| | | | | |

## 保險紀錄

| 被保險人 | 保險名稱種類 | 期付金額 | 繳款方式 | 業務員聯絡方 |
|---|---|---|---|---|
| | | | | |
| | | | | |

## 資產負債表

| 資 產 | | | 負 債 | | |
|---|---|---|---|---|---|
| 項　目 | 金　額 | | 項　目 | 金　額 | |
| **流動資產** 現　金 | | | **流動負債** 信　用　貸　款 | | |
| 活　期　存　款 | | | 消　費　性　貸　款 | | |
| 短　線　股　票 | | | 現金（信用）卡債 | | |
| 外　　幣 | | | 購　物　分　期　付　款 | | |
| 保　　單 | | | 親　友　借　貸 | | |
| 其　　他 | | | 其　　他 | | |
| **固定資產** 黃　金　珠　寶 | | | **長期負債** 互助會（死會） | | |
| 長　線　績　優　股 | | | 房　　貸 | | |
| 基　　金 | | | 房　貸　二　胎 | | |
| 定　期　存　款 | | | 汽　車　貸　款 | | |
| 外　幣　定　存 | | | 就　學　貸　款 | | |
| 房　地　產 | | | 負債總計（B） | | |
| 其　　他 | | | 總資產（A）－總負債（B）＝ 淨值 | | |
| 資產總計（A） | | | | | |

資產現況：

負債現況：

改進方案：

改進方案：

# 10月

先預列清單，
要做有計劃的消費！

# 歡度周年慶，
# 我是聰明敗家女！

所謂省錢省得精，不是要你完全不消費，
也不是要你只挑便宜貨下手，最高段的消費方式是
——你所買下的東西，樣樣都比別人更便宜！

想要做個消費高手，沒有別的捷徑，勤做調查是不二法門。眼看著周年慶即將到來，拿到的DM不要隨手就扔，花幾分鐘研究一下，有些什麼需要的商品？什麼商品限量、有特別優惠？什麼商品的贈品最多？這些都是血拼前必須要做好的功課。

我通常都會在周年慶時買好一整年的保養品，9折優惠之外還滿兩千送兩百（視各百貨公司規定），這樣等於是打了8折，在平時根本不可能拿到這樣的折扣的，然後外加哩哩摳摳的贈品，有時候竟可以省到5成的費用。

## 集中消費，省很大

近兩年物價調漲不斷，許多人平時緊勒褲帶，都等著周年慶的時候，趁促銷一舉購足所需的用品。的確，百貨公司為了和同業拼業績，周年慶的優惠往往是一年中最佳的，但很多沒有計劃的婆婆媽媽，一到周年慶，就會殺紅了眼，覺得樣樣都便宜不買可惜，回家才發現買了許多不必要的東西。

其實**周年慶聰明購物的最大竅門，就是先預列清單，要做有計劃的消費，才不會一時被人潮沖昏頭，衝動購物**。去年周年慶我花了20,000元買保養品，事前已經把要買的商品DM仔細研究了一下，鎖定6折以下的特惠組合，但特惠組通常是產品size較小的多款式組合、或者是以各家明星商品為主搭配其他商品，但特惠組合中的商品，有些可能是你不需要的，所以，更精打細算的女生，不妨打開電腦，到各大bbs的保養美容版、合購版或是目前最夯的美容保養網站Fashionguide，說不定就可以找到網友可以跟你合買特惠組喔！

周年慶購物，要把握集中消費的原則，儘量購買同一品牌，這樣可以累積到較高的門檻，換到的贈品也會比較優比較多。我花了20,000元買齊了一年份的保養品，後來又用贈送的禮券，換到一組買二送一的瘦身霜，再提著大包小包的贈品，心滿意足地回家。

在周年慶時，除了集中火力單打獨鬥外，團體戰也是可以發揮省錢效益最大的方法。在茫茫DM大海中，要如何買的便宜，賺到最多百貨公司給的好康？你可以自告奮勇幫親朋好友代購商品，這樣可以累積較高的金額，賺進大把的回饋禮券。

## 上網買禮券，再賺一成

　　到百貨公司購物，用禮券是相當划算的，一般來說，購買禮券的價格大約是面額的95折，加上周年慶基本的9折，一省再省。但百貨公司的禮券，通常要大量購買才有折扣（例如SOGO舉辦消費滿100萬打95折，新光三越舉辦消費滿50萬送1萬），當然不是人人都有這樣的財力，建議你可以搜尋一下拍賣網站，這些禮券的來源通常是某些公司的員工福利，碰上不愛逛街的賣家，於是上網求現，這類的賣家比較好殺價，其他有的賣家是湊滿足夠金額之後再向百貨公司買進，也有以特殊管道取得禮券的賣家。

　　最後有一點要注意的是，**周年慶時許多發卡行為了方便顧客，增加買氣，通常會提供零利率分期的服務**。通常周年慶的採購總金額高，利用零利率分期，確實可以減輕負擔，讓資金可以更靈活的運用，但是由於每一個商家的規定不一，使用分期時還是要確認是否需要負擔分期設定手續費或是分期帳務保管費等衍生費用，以免付款時造成糾紛。

　　如果你的購買金額比較大，需要使用信用卡支付的話，可以先查清楚每張信用卡的帳單結算日，利用不同結算日的卡片分開刷卡，這樣可以避免一下需要付出大筆金額，恐怕會有周轉上的困難。

## 我的 ____ 月收支計劃

### 個人____月收入紀錄表

| 項目 | 內容 | 金額 |
|---|---|---|
| 薪資收入 稅前 | | |
| 兼職收入 | | |
| 其他 | | |
| 淨收入總計 稅後 | | |

### 個人____月固定支出

| 項目 | 內容 | 金額 |
|---|---|---|
| 房租 | | |
| 水費 | | |
| 電費 | | |
| 瓦斯 | | |
| 室內電話費 網路 | | |
| 手機 | | |
| 其他 | | |
| | | |
| 固定支出總計 | | |

### 個人____月生活費

| 項目 | 內容／預算 | 實際開銷 |
|---|---|---|
| 飲食 | | |
| 服裝 | | |
| 交通 | | |
| 娛樂 | | |
| 教育 | | |
| 刷卡 | | |
| 保險費 | | |
| 投資 | | |
| 稅負 | | |
| 其他 | | |
| | | |
| 支出總計 | | |

### 個人____月收支結算

| | |
|---|---|
| 收入合計 | |
| 支出合計 | |
| 收支結算 | |

159

月行事曆

| Monday | Tuesday | Wednesday | Thursday |
| --- | --- | --- | --- |
| | | | |
| | | | |
| | | | |
| | | | |

# 每日個人記帳表

| 項目／星期 | | Monday | Tuesday | Wednesday | Thursday |
|---|---|---|---|---|---|
| 伙食 | 早餐 | | | | |
| | 中餐 | | | | |
| | 晚餐 | | | | |
| | 點心／宵夜 | | | | |
| 置裝 | 衣服 | | | | |
| | 鞋子 | | | | |
| | 配件 | | | | |
| | 其他 | | | | |
| 交通 | 大眾交通工具 | | | | |
| | 計程車 | | | | |
| | 汽機車油費 | | | | |
| | 汽機車保養 | | | | |
| | 其他 | | | | |
| 教育 | 成人課程學習 | | | | |
| | 子女學費 | | | | |
| | 文具費用 | | | | |
| | 其他 | | | | |
| 休閒娛樂 | | | | | |
| 交際費 | | | | | |
| 美妝保養 | | | | | |
| 雜項 | | | | | |
| 支出小計 | | | | | |

| Friday | Saturday | Sunday | Memo |
|---|---|---|---|
| | | | 伙食費小計 |
| | | | 置裝費小計 |
| | | | 交通費小計 |
| | | | 教育費小計 |
| | | | 休閒娛樂費小計 |
| | | | 交際費小計 |
| | | | 美妝費小計 |
| | | | 其他小計 |
| | | | 週支出合計 |

# 每日個人記帳表

| 項目／星期 | | Monday | Tuesday | Wednesday | Thursday |
|---|---|---|---|---|---|
| 伙食 | 早餐 | | | | |
| | 中餐 | | | | |
| | 晚餐 | | | | |
| | 點心／宵夜 | | | | |
| 置裝 | 衣服 | | | | |
| | 鞋子 | | | | |
| | 配件 | | | | |
| | 其他 | | | | |
| 交通 | 大眾交通工具 | | | | |
| | 計程車 | | | | |
| | 汽機車油費 | | | | |
| | 汽機車保養 | | | | |
| | 其他 | | | | |
| 教育 | 成人課程學習 | | | | |
| | 子女學費 | | | | |
| | 文具費用 | | | | |
| | 其他 | | | | |
| 休閒娛樂 | | | | | |
| 交際費 | | | | | |
| 美妝保養 | | | | | |
| 雜項 | | | | | |
| 支出小計 | | | | | |

| Friday | Saturday | Sunday | Memo |
|--------|----------|--------|------|
| | | | 伙食費小計 |
| | | | 置裝費小計 |
| | | | 交通費小計 |
| | | | 教育費小計 |
| | | | 休閒娛樂費小計 |
| | | | 交際費小計 |
| | | | 美妝費小計 |
| | | | 其他小計 |
| | | | 週支出合計 |

# 每日個人記帳表

| 項目／星期 | | Monday | Tuesday | Wednesday | Thursd |
|---|---|---|---|---|---|
| 伙食 | 早餐 | | | | |
| | 中餐 | | | | |
| | 晚餐 | | | | |
| | 點心／宵夜 | | | | |
| 置裝 | 衣服 | | | | |
| | 鞋子 | | | | |
| | 配件 | | | | |
| | 其他 | | | | |
| 交通 | 大眾交通工具 | | | | |
| | 計程車 | | | | |
| | 汽機車油費 | | | | |
| | 汽機車保養 | | | | |
| | 其他 | | | | |
| 教育 | 成人課程學習 | | | | |
| | 子女學費 | | | | |
| | 文具費用 | | | | |
| | 其他 | | | | |
| 休閒娛樂 | | | | | |
| 交際費 | | | | | |
| 美妝保養 | | | | | |
| 雜項 | | | | | |
| 支出小計 | | | | | |

| Friday | Saturday | Sunday | Memo |
|---|---|---|---|
| | | | 伙食費小計 |
| | | | 置裝費小計 |
| | | | 交通費小計 |
| | | | 教育費小計 |
| | | | 休閒娛樂費小計 |
| | | | 交際費小計 |
| | | | 美妝費小計 |
| | | | 其他小計 |
| | | | 週支出合計 |

## 每日個人記帳表

| 項目／星期 | | Monday | Tuesday | Wednesday | Thursday |
|---|---|---|---|---|---|
| 伙食 | 早餐 | | | | |
| | 中餐 | | | | |
| | 晚餐 | | | | |
| | 點心／宵夜 | | | | |
| 置裝 | 衣服 | | | | |
| | 鞋子 | | | | |
| | 配件 | | | | |
| | 其他 | | | | |
| 交通 | 大眾交通工具 | | | | |
| | 計程車 | | | | |
| | 汽機車油費 | | | | |
| | 汽機車保養 | | | | |
| | 其他 | | | | |
| 教育 | 成人課程學習 | | | | |
| | 子女學費 | | | | |
| | 文具費用 | | | | |
| | 其他 | | | | |
| 休閒娛樂 | | | | | |
| 交際費 | | | | | |
| 美妝保養 | | | | | |
| 雜項 | | | | | |
| 支出小計 | | | | | |

| Friday | Saturday | Sunday | Memo |
|--------|----------|--------|------|
| | | | 伙食費小計 |
| | | | 置裝費小計 |
| | | | 交通費小計 |
| | | | 教育費小計 |
| | | | 休閒娛樂費小計 |
| | | | 交際費小計 |
| | | | 美妝費小計 |
| | | | 其他小計 |
| | | | 週支出合計 |

# 月投資記錄表

## 股票買賣紀錄

| 股票名稱 | 股票代號 | 買進 | | 賣出 | | 盈虧 |
|---|---|---|---|---|---|---|
| | | 時間 | 股價 | 時間 | 股價 | |
| | | | | | | |
| | | | | | | |
| | | | | | | |
| | | | | | | |

## 基金買賣紀錄

| 基金名稱 | 買進 | | 賣出 | | 盈虧 |
|---|---|---|---|---|---|
| | 時間 | 股價 | 時間 | 股價 | |
| | | | | | |
| | | | | | |
| | | | | | |
| | | | | | |
| | | | | | |

## 儲蓄紀錄

| 日期 | 行庫名稱 | 戶名 | 存提金額 | 累計金額 |
|---|---|---|---|---|
| | | | | |
| | | | | |
| | | | | |
| | | | | |

## 保險紀錄

| 被保險人 | 保險名稱種類 | 期付金額 | 繳款方式 | 業務員聯絡方式 |
|---|---|---|---|---|
| | | | | |
| | | | | |
| | | | | |

NOTE......

黃金、黃金，
我要把你握在手心！

# 黃金、白銀，避險、抗通膨最好用！

以前總覺得這些金飾真是俗到不行，怎麼可能拿出來戴？黃金條塊土土的，看起來一點價值也沒有，總想不透媽媽為什麼老愛把錢拿去買金條？現在又不用逃難！

從小到大，每逢生日的時候，家裡的長輩總喜歡送些金飾給我們這些兒孫當禮物。黃金其實對於中國人有種特殊的意義，不管是結婚、生子、生日送禮有人喜歡送金飾，不過買這些哩哩摳摳的金飾品，不但打製時要花工錢，想要賣出時又要被扣耗損，一來一往像是被剝了兩層皮。此外，金飾除了有紀念價值外，幾乎已經變成了不動產一樣，非不得已不會輕易處理它，就像我娘保險箱裡的金子，擺了幾十年也捨不得賣，好像賣金子是變賣家產一樣，但是站在投資理財的角度，這實在是不符合經濟效益。

直到今年，一方面是因為金價話題炒的震天響，加上妹妹要結婚，媽媽交代我去銀行保險箱裡領一條5兩重的小金條出來，

幫她到銀樓換現金。我拿到金條後邊走邊想，這個小玩意兒能值多少錢，幹嘛不拿多一點金子出來賣。沒想到，到了銀樓一算，這一條比滋露巧克力還要薄的金條，竟然可以賣超過150,000元，我的下巴差點沒當場掉下來！從那時候開始，我再也不敢小看那些土土，看來不起眼的金子了，我要大喊：「黃金、黃金，我要把你握在手心！」

## 打造你的黃金人生

　　如果你不懂投資，也不敢亂投資，把薪水放在銀行是唯一的選擇，建議你不妨可以買個黃金存摺，這可是避險和保值的最佳選擇。每一個人的投資性格及需求都不同，有人拼命的想要追求高利得，有人只想抵抗通膨。**如果你是保守型的投資人，在低利通膨時代，保有現金不如買點黃金。**

　　此外，一般人都習慣到銀樓去買金子，除了成份及純度可能有疑慮外，萬一你想要賣出的時候，原來的銀樓已經不在了，別的商家是否會接受原先的保證書，再加上要被東折西扣的，所以買黃金最好還是要到有信用有品牌的金店或是到金融機構買比較有保障，再不然，買買紙上黃金也是不錯的選擇。

　　「紙上黃金」指的就是目前深受市場歡迎的黃金存摺，不但不像購買傳統黃金條塊，投資金額龐大，又難保存，以存摺的方式登記，像基金一樣，可以單筆投資，也可以採定期定額的方式買進，還可比利用網路作業非常方便。

　　目前已經有多家銀行辦理黃金存摺的業務，其中台灣銀行更推出了「黃金撲滿」，最低投資金額為3,000元，在每月的第一個營業日扣款，這3,000元會平均分配在當月的每一個營業日買進。黃金撲滿適合小額投資、長期持有，分散投資加上每日投入的複利效果不同，更可以達到平均風險的效果。

## 注意牌價走勢，搶先吸金

想要投資黃金存摺，首先就要注意國際金價波動，及新台幣兌美元匯率走勢，了解今年國際金價趨勢，才知道如何建立操作策略。目前除了台銀網路黃金價格（https://ebank.bot.com.tw/NNBank/）外，別忘了有空還可以看看香港KITCO網站（http://www.kitco.cn/HK/），參考一下以美元計價的黃金價格，以及三日內的黃金波動圖。

黃金存摺投資門檻很低，單筆買賣最低單位僅需1g，如果以買進價格每公克約新台幣900元來計算，你每買1g黃金，等於花不到新台幣1,000元。由於看不到實體黃金，不用擔心的東藏西藏，不過如果你想要騷包的拿著黃金把玩一下，也隨時都可向銀行提領轉換。

如果你是定存族，與其把錢存在銀行，不如挪一部分資金來買黃金，利用定時定額的方式分批賣進，可以分散風險，平均成本，每天省下一張孫中山來做長期投資，你也可以成為有錢人。

# 我的＿＿＿月收支計劃

## 個人＿＿＿月收入紀錄表

| 項目 | 內容 | 金額 |
|---|---|---|
| 薪資收入 稅前 | | |
| 兼職收入 | | |
| 其他 | | |
| 淨收入總計 稅後 | | |

## 個人＿＿＿月固定支出

| 項目 | 內容 | 金額 |
|---|---|---|
| 房租 | | |
| 水費 | | |
| 電費 | | |
| 瓦斯 | | |
| 室內電話費 網路 | | |
| 手機 | | |
| 其他 | | |
| | | |
| 固定支出總計 | | |

## 個人＿＿＿月生活費

| 項目 | 內容／預算 | 實際開銷 |
|---|---|---|
| 飲食 | | |
| 服裝 | | |
| 交通 | | |
| 娛樂 | | |
| 教育 | | |
| 刷卡 | | |
| 保險費 | | |
| 投資 | | |
| 稅負 | | |
| 其他 | | |
| 支出總計 | | |

## 個人＿＿＿月收支結算

| 收入合計 | |
|---|---|
| 支出合計 | |
| 收支結算 | |

| Monday | Tuesday | Wednesday | Thursday |
|--------|---------|-----------|----------|
|  |  |  |  |
|  |  |  |  |
|  |  |  |  |
|  |  |  |  |

| Friday | Saturday | Sunday | Weekly Plan |
|--------|----------|--------|-------------|
|        |          |        |             |
|        |          |        |             |
|        |          |        |             |
|        |          |        |             |

# 每日個人記帳表

| 項目／星期 | Monday | Tuesday | Wednesday | Thursday |
|---|---|---|---|---|
| 伙食　早餐 | | | | |
| 　　　中餐 | | | | |
| 　　　晚餐 | | | | |
| 　　　點心／宵夜 | | | | |
| 置裝　衣服 | | | | |
| 　　　鞋子 | | | | |
| 　　　配件 | | | | |
| 　　　其他 | | | | |
| 交通　大眾交通工具 | | | | |
| 　　　計程車 | | | | |
| 　　　汽機車油費 | | | | |
| 　　　汽機車保養 | | | | |
| 　　　其他 | | | | |
| 教育　成人課程學習 | | | | |
| 　　　子女學費 | | | | |
| 　　　文具費用 | | | | |
| 　　　其他 | | | | |
| 休閒娛樂 | | | | |
| 交際費 | | | | |
| 美妝保養 | | | | |
| 雜項 | | | | |
| 支出小計 | | | | |

| Friday | Saturday | Sunday | Memo |
|---|---|---|---|
| | | | 伙食費小計 |
| | | | 置裝費小計 |
| | | | 交通費小計 |
| | | | 教育費小計 |
| | | | 休閒娛樂費小計 |
| | | | 交際費小計 |
| | | | 美妝費小計 |
| | | | 其他小計 |
| | | | 週支出合計 |

# 每日個人記帳表

| 項目／星期 | | Monday | Tuesday | Wednesday | Thursday |
|---|---|---|---|---|---|
| 伙食 | 早餐 | | | | |
| | 中餐 | | | | |
| | 晚餐 | | | | |
| | 點心／宵夜 | | | | |
| 置裝 | 衣服 | | | | |
| | 鞋子 | | | | |
| | 配件 | | | | |
| | 其他 | | | | |
| 交通 | 大眾交通工具 | | | | |
| | 計程車 | | | | |
| | 汽機車油費 | | | | |
| | 汽機車保養 | | | | |
| | 其他 | | | | |
| 教育 | 成人課程學習 | | | | |
| | 子女學費 | | | | |
| | 文具費用 | | | | |
| | 其他 | | | | |
| 休閒娛樂 | | | | | |
| 交際費 | | | | | |
| 美妝保養 | | | | | |
| 雜項 | | | | | |
| 支出小計 | | | | | |

| | | | 伙食費小計 |
| --- | --- | --- | --- |
| | | | 置裝費小計 |
| | | | 交通費小計 |
| | | | 教育費小計 |
| | | | 休閒娛樂費小計 |
| | | | 交際費小計 |
| | | | 美妝費小計 |
| | | | 其他小計 |
| | | | 週支出合計 |

# 每日個人記帳表

| 項目／星期 | | Monday | Tuesday | Wednesday | Thursday |
|---|---|---|---|---|---|
| 伙食 | 早餐 | | | | |
| | 中餐 | | | | |
| | 晚餐 | | | | |
| | 點心／宵夜 | | | | |
| 置裝 | 衣服 | | | | |
| | 鞋子 | | | | |
| | 配件 | | | | |
| | 其他 | | | | |
| 交通 | 大眾交通工具 | | | | |
| | 計程車 | | | | |
| | 汽機車油費 | | | | |
| | 汽機車保養 | | | | |
| | 其他 | | | | |
| 教育 | 成人課程學習 | | | | |
| | 子女學費 | | | | |
| | 文具費用 | | | | |
| | 其他 | | | | |
| 休閒娛樂 | | | | | |
| 交際費 | | | | | |
| 美妝保養 | | | | | |
| 雜項 | | | | | |
| 支出小計 | | | | | |

| Friday | Saturday | Sunday | Memo |
|--------|----------|--------|------|
| | | | 伙食費小計 |
| | | | 置裝費小計 |
| | | | 交通費小計 |
| | | | 教育費小計 |
| | | | 休閒娛樂費小計 |
| | | | 交際費小計 |
| | | | 美妝費小計 |
| | | | 其他小計 |
| | | | 週支出合計 |

# 每日個人記帳表

| 項目／星期 | | Monday | Tuesday | Wednesday | Thursday |
|---|---|---|---|---|---|
| 伙食 | 早餐 | | | | |
| | 中餐 | | | | |
| | 晚餐 | | | | |
| | 點心／宵夜 | | | | |
| 置裝 | 衣服 | | | | |
| | 鞋子 | | | | |
| | 配件 | | | | |
| | 其他 | | | | |
| 交通 | 大眾交通工具 | | | | |
| | 計程車 | | | | |
| | 汽機車油費 | | | | |
| | 汽機車保養 | | | | |
| | 其他 | | | | |
| 教育 | 成人課程學習 | | | | |
| | 子女學費 | | | | |
| | 文具費用 | | | | |
| | 其他 | | | | |
| 休閒娛樂 | | | | | |
| 交際費 | | | | | |
| 美妝保養 | | | | | |
| 雜項 | | | | | |
| 支出小計 | | | | | |

| Friday | Saturday | Sunday | Memo |
|--------|----------|--------|------|
| | | | 伙食費小計 |
| | | | 置裝費小計 |
| | | | 交通費小計 |
| | | | 教育費小計 |
| | | | 休閒娛樂費小計 |
| | | | 交際費小計 |
| | | | 美妝費小計 |
| | | | 其他小計 |
| | | | 週支出合計 |

# 月投資記錄表

## 股票買賣紀錄

| 股票名稱 | 股票代號 | 買進 | | 賣出 | | 盈虧 |
| --- | --- | --- | --- | --- | --- | --- |
| | | 時間 | 股價 | 時間 | 股價 | |
| | | | | | | |
| | | | | | | |
| | | | | | | |
| | | | | | | |

## 基金買賣紀錄

| 基金名稱 | 買進 | | 賣出 | | 盈虧 |
| --- | --- | --- | --- | --- | --- |
| | 時間 | 股價 | 時間 | 股價 | |
| | | | | | |
| | | | | | |
| | | | | | |
| | | | | | |

## 儲蓄紀錄

| 日期 | 行庫名稱 | 戶名 | 存提金額 | 累計金額 |
| --- | --- | --- | --- | --- |
| | | | | |
| | | | | |
| | | | | |
| | | | | |

## 保險紀錄

| 被保險人 | 保險名稱種類 | 期付金額 | 繳款方式 | 業務員聯絡方式 |
| --- | --- | --- | --- | --- |
| | | | | |
| | | | | |
| | | | | |

NOTE......

# 12月

為你的荷包
來個年終大掃除……

# 精算資產負債，
# 荷包也要除舊佈新！

辛苦一整年，又到了歲末時節；
除了幫家裡來個大掃除以外，何不趁著這個時候，
也為自己或家庭的財務狀況來個大掃除？

忙於賺錢、精於省錢、勤於記帳，練了一整年的好功夫，當然要好好來看看自己努力的結果，一方面是檢視自己還有沒有不足的地方（檢視負債加以清除），另一方可以針對自己的弱點加強、排定訓練計劃（評估來年支出概況並預留資金因應），讓你的理財功力可以更上一層樓。

另外，大家伸長著脖子的盼望，可以消除一整年疲勞的特效藥——年終獎金，這筆金額不算小的意外之財，有很多人東買西買，就這樣糊里糊塗的花掉了，等到年中要用錢時，才懊悔不已。年終獎金到底要怎麼達到最有效的利用呢？經由年終的財務大盤點，或許可以從中找到答案喔。

## 負債比不可超過資產的七成

家庭或是個人的財務檢視大致可分為三部分，第一步最重要的就是列出資產負債表，了解總負債佔總資產的比例。如果項目可以列得愈細、估算的結果也會愈準確。一般來說，家庭或個人負債佔資產比例，只要低於七成都算安全，如果有負債的話，就必須支出利息，加上平常的生活開銷，這些都會影響手中的現金流量，一旦負債過高，就會侵蝕資產，嚴重一點就會拉低你的生活品質。

精算過資產負債表後，如果你是**屬於債務來源較多的家庭，就要特別注意債務結構。不同的負債會有不同的利息支出（房貸＜車貸＜信貸…），對每個月的負擔會有很大影響。**

如果你是屬於資產大於負債一族，也先別鬆懈，要注意資產的流動性、了解資產品質，可以將資產細分為流動資產（現金、存款、股票、基金等變現能力較強資產）及固定資產（房屋、汽車、家電、珠寶等財物）。千萬不要對自己的財務過於樂觀，大意擴張消費反而造成隔年的負擔增加。

在進行年終檢視時，對於股票、基金等投資，也別忘了要一起做投資績效的評估喔。如果有投資不利虧錢的話，明年就要考慮是不是該重新調整一下資產配置，另外，如果有貸款的利息屬於機動利率的話，銀行有可能會進行調整，這些都要納入明年的資產規劃裡才行。

## 年度財務評估實例

你一定會覺得，我們只是一般家庭，有必要大費周章，跟企業一樣做全面性的財務檢視嗎？當然，建立了良好的財務檢視制度，除了可以及時、準確的了解個人或家庭的資產狀況，也可以更客觀的對未來的資產進行規劃，就像種地前要先整地一樣，然後在規劃的範圍裡讓你的作物健康地生長。

### 評估財務 Tips

| 分析收支 | 總收入－總支出 |
| --- | --- |
| 原則：收入＞支出 | （固定薪水、其他所得、年終獎金）－（貸款、保險、房租、日常開銷） |
| 分析資產負債 | 總資產(A)－總負債(B) |
| 原則：B不宜超過A的70% | （房屋、車子、飾品、家電設備、現金、存款、投資）－（房貸、車貸、信用卡、現金卡利息） |
| 分析資產結構 | 固定資產＋流動資產 |
| 原則：扣掉流動負債後，流動資產至少應有3成 | （房屋、車子、家電設備、珠寶飾品）＋（現金、存款、股票、基金、債券） |
| 分析負債結構 | 檢視負債利率高低 |
| 原則：利率低者優先借，利率高者先還款 | 房貸＞車貸＞信用貸款＞信用卡現金卡循環利息 |

## 我的 ＿＿＿ 月收支計劃

### 個人＿＿月收入紀錄表

| 項目 | 內容 | 金額 |
|---|---|---|
| 薪資收入 稅前 | | |
| 兼職收入 | | |
| 其他 | | |
| 淨收入總計 稅後 | | |

### 個人＿＿月固定支出

| 項目 | 內容 | 金額 |
|---|---|---|
| 房租 | | |
| 水費 | | |
| 電費 | | |
| 瓦斯 | | |
| 室內電話費 網路 | | |
| 手機 | | |
| 其他 | | |
| | | |
| 固定支出總計 | | |

### 個人＿＿月生活費

| 項目 | 內容／預算 | 實際開銷 |
|---|---|---|
| 飲食 | | |
| 服裝 | | |
| 交通 | | |
| 娛樂 | | |
| 教育 | | |
| 刷卡 | | |
| 保險費 | | |
| 投資 | | |
| 稅負 | | |
| 其他 | | |
| 支出總計 | | |

### 個人＿＿月收支結算

| 收入合計 | |
|---|---|
| 支出合計 | |
| 收支結算 | |

月行事曆

| Monday | Tuesday | Wednesday | Thursday |
| --- | --- | --- | --- |

| Friday | Saturday | Sunday | Weekly Plan |
|--------|----------|--------|-------------|
|  |  |  |  |
|  |  |  |  |
|  |  |  |  |
|  |  |  |  |

# 每日個人記帳表

| 項目／星期 | | Monday | Tuesday | Wednesday | Thursday |
|---|---|---|---|---|---|
| 伙食 | 早餐 | | | | |
| | 中餐 | | | | |
| | 晚餐 | | | | |
| | 點心／宵夜 | | | | |
| 置裝 | 衣服 | | | | |
| | 鞋子 | | | | |
| | 配件 | | | | |
| | 其他 | | | | |
| 交通 | 大眾交通工具 | | | | |
| | 計程車 | | | | |
| | 汽機車油費 | | | | |
| | 汽機車保養 | | | | |
| | 其他 | | | | |
| 教育 | 成人課程學習 | | | | |
| | 子女學費 | | | | |
| | 文具費用 | | | | |
| | 其他 | | | | |
| 休閒娛樂 | | | | | |
| 交際費 | | | | | |
| 美妝保養 | | | | | |
| 雜項 | | | | | |
| 支出小計 | | | | | |

伙食費小計

置裝費小計

交通費小計

教育費小計

休閒娛樂費小計

交際費小計

美妝費小計

其他小計

週支出合計

# 每日個人記帳表

| 項目／星期 | | Monday | Tuesday | Wednesday | Thursday |
|---|---|---|---|---|---|
| 伙食 | 早餐 | | | | |
| | 中餐 | | | | |
| | 晚餐 | | | | |
| | 點心／宵夜 | | | | |
| 置裝 | 衣服 | | | | |
| | 鞋子 | | | | |
| | 配件 | | | | |
| | 其他 | | | | |
| 交通 | 大眾交通工具 | | | | |
| | 計程車 | | | | |
| | 汽機車油費 | | | | |
| | 汽機車保養 | | | | |
| | 其他 | | | | |
| 教育 | 成人課程學習 | | | | |
| | 子女學費 | | | | |
| | 文具費用 | | | | |
| | 其他 | | | | |
| 休閒娛樂 | | | | | |
| 交際費 | | | | | |
| 美妝保養 | | | | | |
| 雜項 | | | | | |
| 支出小計 | | | | | |

| Friday | Saturday | Sunday | Memo |
|--------|----------|--------|------|
| | | | 伙食費小計 |
| | | | 置裝費小計 |
| | | | 交通費小計 |
| | | | 教育費小計 |
| | | | 休閒娛樂費小計 |
| | | | 交際費小計 |
| | | | 美妝費小計 |
| | | | 其他小計 |
| | | | 週支出合計 |

# 每日個人記帳表

| 項目／星期 | | Monday | Tuesday | Wednesday | Thursday |
|---|---|---|---|---|---|
| 伙食 | 早餐 | | | | |
| | 中餐 | | | | |
| | 晚餐 | | | | |
| | 點心／宵夜 | | | | |
| 置裝 | 衣服 | | | | |
| | 鞋子 | | | | |
| | 配件 | | | | |
| | 其他 | | | | |
| 交通 | 大眾交通工具 | | | | |
| | 計程車 | | | | |
| | 汽機車油費 | | | | |
| | 汽機車保養 | | | | |
| | 其他 | | | | |
| 教育 | 成人課程學習 | | | | |
| | 子女學費 | | | | |
| | 文具費用 | | | | |
| | 其他 | | | | |
| 休閒娛樂 | | | | | |
| 交際費 | | | | | |
| 美妝保養 | | | | | |
| 雜項 | | | | | |
| 支出小計 | | | | | |

| Friday | Saturday | Sunday | Memo |
|--------|----------|--------|------|
| | | | 伙食費小計 |
| | | | 置裝費小計 |
| | | | 交通費小計 |
| | | | 教育費小計 |
| | | | 休閒娛樂費小計 |
| | | | 交際費小計 |
| | | | 美妝費小計 |
| | | | 其他小計 |
| | | | 週支出合計 |

# 每日個人記帳表

| 項目／星期 | | Monday | Tuesday | Wednesday | Thursday |
|---|---|---|---|---|---|
| 伙食 | 早餐 | | | | |
| | 中餐 | | | | |
| | 晚餐 | | | | |
| | 點心／宵夜 | | | | |
| 置裝 | 衣服 | | | | |
| | 鞋子 | | | | |
| | 配件 | | | | |
| | 其他 | | | | |
| 交通 | 大眾交通工具 | | | | |
| | 計程車 | | | | |
| | 汽機車油費 | | | | |
| | 汽機車保養 | | | | |
| | 其他 | | | | |
| 教育 | 成人課程學習 | | | | |
| | 子女學費 | | | | |
| | 文具費用 | | | | |
| | 其他 | | | | |
| 休閒娛樂 | | | | | |
| 交際費 | | | | | |
| 美妝保養 | | | | | |
| 雜項 | | | | | |
| 支出小計 | | | | | |

| Friday | Saturday | Sunday | Memo |
|---|---|---|---|
| | | | 伙食費小計 |
| | | | 置裝費小計 |
| | | | 交通費小計 |
| | | | 教育費小計 |
| | | | 休閒娛樂費小計 |
| | | | 交際費小計 |
| | | | 美妝費小計 |
| | | | 其他小計 |
| | | | 週支出合計 |

# 月投資記錄表

## 股票買賣紀錄

| 股票名稱 | 股票代號 | 買進 | | 賣出 | | 盈虧 |
|---|---|---|---|---|---|---|
| | | 時間 | 股價 | 時間 | 股價 | |
| | | | | | | |
| | | | | | | |
| | | | | | | |
| | | | | | | |

## 基金買賣紀錄

| 基金名稱 | 買進 | | 賣出 | | 盈虧 |
|---|---|---|---|---|---|
| | 時間 | 股價 | 時間 | 股價 | |
| | | | | | |
| | | | | | |
| | | | | | |
| | | | | | |

## 儲蓄紀錄

| 日期 | 行庫名稱 | 戶名 | 存提金額 | 累計金額 |
|---|---|---|---|---|
| | | | | |
| | | | | |
| | | | | |
| | | | | |

## 保險紀錄

| 被保險人 | 保險名稱種類 | 期付金額 | 繳款方式 | 業務員聯絡方式 |
|---|---|---|---|---|
| | | | | |
| | | | | |
| | | | | |

# 資產負債表

| 資　產 | | | 負　債 | | |
|---|---|---|---|---|---|
| | 項　目 | 金　額 | | 項　目 | 金　額 |
| **流動資產** | 現　金 | | **流動負債** | 信　用　貸　款 | |
| | 活 期 存 款 | | | 消 費 性 貸 款 | |
| | 短 線 股 票 | | | 現金（信用）卡債 | |
| | 外　幣 | | | 購 物 分 期 付 款 | |
| | 保　單 | | | 親　友　借　貸 | |
| | 其　他 | | | 其　他 | |
| **固定資產** | 黃 金 珠 寶 | | **長期負債** | 互助會（死會） | |
| | 長線績優股 | | | 房　貸 | |
| | 基　金 | | | 房　貸　二　胎 | |
| | 定 期 存 款 | | | 汽　車　貸　款 | |
| | 外 幣 定 存 | | | 就　學　貸　款 | |
| | 房 地 產 | | 負債總計（B） | | |
| | 其　他 | | 總資產（A）－總負債（B）= 淨值 | | |
| 資產總計（A） | | | | | |

資產現況：

負債現況：

改進方案：

改進方案：

NOTE......

NOTE......

**國家圖書館出版品預行編目資料**

小資男女拼百萬：365天理財手帳／Jacqueline著；—初版.—臺北市：日月文化(寶鼎出版)，2012.01；208面；15×21公分
ISBN 978-986-248-244-5(平裝)
1. 理財

563                                                                                      100027092

## 小資男女拼百萬

作　　者：Jacqueline
主　　編：劉榮和
企劃製作：林憶純
視覺設計：傑瑞、陳安婕

董 事 長：洪祺祥
出　　版：日月文化出版股份有限公司
製　　作：寶鼎出版股份有限公司
地　　址：台北市信義路三段151號9樓
電　　話：(02)2708-5509
傳　　真：(02)2708-6157
E-mail：service@heliopolis.com.tw

日月文化網路書店網址：www.ezbooks.com.tw
郵撥帳號：19716071 日月文化出版股份有限公司
法律顧問：建大法律事務所
總 經 銷：聯合發行股份有限公司
電　　話：(02)2917-8022
傳　　真：(02)2915-7212

製版印刷：禾耕彩色印刷事業有限公司
初　　版：2012年1月
定　　價：220元

ISBN 978-986-248-244-5(平裝)

◎版權所有・翻印必究
◎本書如有缺頁、破損、裝訂錯誤，請寄回本公司更換

大好書屋　寶鼎出版　山岳文化　唐莊文化　叢書館　美語會話誌　流行日語會話誌

感謝您購買 _____ 小資男女拼百萬 _____（書名）

為提供完整服務與快速資訊，請詳細填寫下列資料，傳真至02-2708-5182
或免貼郵票寄回，我們將不定期提供您新書資訊及最新優惠。

1. 姓名：_____

2. 性別：□ 男　□ 女　　　生日：_____ 年 _____ 月 _____ 日

3. 電話：(日)_____　(夜)_____
　　(手機) _____　（請務必填寫1種聯絡方式）

4. 地址：□□□_____

5. 電子信箱：_____

6. 您從何處購買本書：_____ 縣/市_____ 書店

7. 您的職業：□製造　□金融　□軍公教　□服務　□資訊　□傳播　□學生
　　　　　　□自由業　□其他

8. 您從何處得知這本書的消息：□書店　□網路　□報紙　□雜誌　□廣播
　　　　　　　　　　　　　　□電視　□他人推薦

9. 您通常以何種方式購書：□書店　□網路　□傳真訂購　□郵政劃撥　□其他

10. 您對本書的評價：(1. 非常滿意2. 滿意3. 普通4. 不滿意5. 非常不滿意)
　　書名____ 內容____ 封面設計____ 版面編排____ 文/譯筆____

11. 請給我們建議：
_____
_____

服務專線 02-27086157
服務傳真 02-27085182
服務信箱 service@heliopolis.com.tw

日月文化集團
HELIOPOLIS

廣告回函
台灣北區郵政管理局登記證
北台字第 000370 號
免貼郵票

讀者服務部　收
10658　台北市信義路三段 151 號 9 樓

www.ezbooks.com.tw

對折黏貼後，即可直接郵寄

日月文化集團之友長期獨享購書8折（單筆購書未滿500元需加付郵資60元），並享有各項專屬活動及特殊優惠！

成為日月文化之友的兩個方法：
‧完整填寫書後的讀友回函卡，傳真或郵寄（免付郵資）給我們。
‧登入日月文化網路書店www.ezbooks.com.tw完成加入會員。

直接購書的方法：
劃撥帳號：19716071　　戶名：日月文化出版股份有限公司
（於劃撥單通訊欄註明姓名、地址、聯絡電話、電子郵件、購買明細即可）

大好書屋

寶鼎出版

山岳文化

唐莊文化

EZ 叢書館

EZ TALK 美語會話誌

EZ Japan 流行日語會話誌

寶鼎出版